KNAUR

Von Thomas Kausch ist bereits folgender Titel erschienen:
Dear Americans. Schön, dass wir euch wiederhaben

Über den Autor:
Thomas Kausch, Jahrgang 1963, ist Moderator bei NDR und Arte. Er war viele Jahre weltweit als Krisenreporter unterwegs und nutzt diese Erfahrungen jetzt bei der Erziehung seiner Tochter Pauline. Nichts wird dem Zufall überlassen. Und es funktioniert: Pauline hat ihr Abitur bestanden. Thomas Kausch lebt mit Ehefrau in Berlin, seine Tochter hat es zum Studieren nach London verschlagen.

THOMAS
KAUSCH

WIE ICH MEINE TOCHTER DURCHS ABITUR BRACHTE

Ein Helikoptervater dreht auf

KNAUR

Besuchen Sie uns im Internet:
www.knaur.de

FSC
www.fsc.org
MIX
Papier aus verantwortungsvollen Quellen
FSC® C083411

Originalausgabe Februar 2017
Knaur Taschenbuch

Ein Imprint der Verlagsgruppe
Droemer Knaur GmbH & Co. KG, München

Redaktion: Roman Schmid
Covergestaltung: semper smile, München
Coverabbildung: Bunditynay; annamiro; Paladjai/alle Shutterstock
Satz: Adobe InDesign im Verlag
Druck und Bindung: CPI books GmbH, Leck
ISBN 978-3-426-78874-5

2 4 5 3 1

Für Pauline

Okay, auch für Kiki

Vor allem für Väter. Und Mütter

Und für Jon

Inhaltsverzeichnis

Pauline ist ein Wunderkind. Und das kam so:

Harrison Ford

Ich hatte mir immer ein Mädchen gewünscht, weil es von Anfang an mein Ziel war, das Kind zu verwöhnen. Das hätte bei einem Jungen merkwürdiger gewirkt. Außerdem wollen Jungs irgendwann nur noch raufen, hängen den Vätern im Schwimmbad auf dem Rücken und würgen sie dabei am Hals. Das ist nichts für mich. Zusammen das erste lange Kleid für den Abschlussball der Schule aussuchen, das stellte ich mir sehr schön vor. Und vielleicht auch den Tanzpartner.

Ich selbst wurde nicht verwöhnt. Alle trugen damals blaue Adidas-Schuhe, Modell Rekord. Die gab es ähnlich auch bei Deichmann, sahen fast genauso aus. Nur dass ein Streifen fehlte. Das war sehr auffällig. Kann man sich eine größere Demütigung vorstellen? Ja: Die Palomino-Jeans von C&A. Die hatte unten rechts am Schlag noch ein kleines Glöckchen. Damit jeder auch noch hören konnte, dass es keine Wrangler war.

Mein Mofa musste ich mir selbst verdienen, mit 15 Jahren auf dem Bau, 1,50 Mark Stundenlohn. Klarer Fall von Kinderarbeit. Es reichte nur für eine – Puch. Alle anderen fuhren Kreidler. Oder Herkules. Puch. Ohne Stoßdämpfer. Ohne Gangschaltung. Mit Fahrradgepäckträger!

Hat es mir geschadet? Natürlich. Und irgendwann in dieser Zeit muss ich mir vorgenommen haben: Wenn ich einmal ein Kind bekomme – das soll es besser haben.

Mit 33 war es so weit. Auch wenn wir zunächst an eine Nierenbeckenentzündung glaubten. Das wäre dann schon Kikis zweite innerhalb weniger Wochen gewesen. Viel länger kannte ich sie auch noch gar nicht, und ich dachte schon: Oh, oh, was hab ich mir da denn eingefangen? Wir hatten uns auf einem Betriebsfest beim ZDF kennengelernt – sie die schüchterne Jungredakteurin, ich der attraktive Reporterhaudegen, gerade zurück aus irgendeinem Kriegsgebiet in Afrika, den Staub noch an den Schuhen, Typ Harrison Ford. Ich fiel ihr sofort auf.

Kiki erinnert sich anders daran. Demnach sei es so gewesen:

Sie war die hübscheste Frau auf dem Betriebsfest. Und fiel mir sofort auf mit ihrer tollen Figur, den langen braunen, lockigen Haaren. Alles an ihr war wunderschön. Ich wollte keine Kinder, bis ich Kiki traf, meine Traumfrau. Leider gelang es mir nicht, sie beim ersten Date rumzukriegen. Sie hatte nicht auf mich gewartet, die Liste ihrer Verehrer war lang. Handballprofis. Sportmoderatoren. Musikfernsehregisseure.

Mag ja sein. Tatsache ist: Nur sechs Wochen später hat sie MICH geheiratet. In Mexiko. Aus Lust und Liebe und ganz spontan. Montags gingen wir zum Dorfrichter in Playa del Carmen, damals noch ein echtes Hippiedorf, um das Aufgebot zu bestellen.

»Haben Sie Ihren Reisepass?«, fragte der Richter sehr feierlich und ernst.

Sein Büro sah aus wie eine leere Garage. Ein Stahlregal mit Aktenordnern. Eine Sekretärin mit elektrischer Schreibmaschine. Ein leerer Schreibtisch mit einem Richter dahinter. Unter der Decke drehte sich träge und nutzlos der Ventilator und verteilte die heiße Luft. Natürlich hatten wir Reisepässe.

»Geburtsurkunde?«

»Die haben wir leider nicht dabei. Es ist eine spontane Entscheidung. Ich habe ihr erst gestern Abend den Antrag gemacht.«

»Keine Urkunde, kein Problem. Aber Sie brauchen vier Trauzeugen.«

»Haben wir!«

Wir hatten sogar fünf. Arturo, den blondgelockten Frauenheld vom Strand, der sich als Architekt ausgab und immer ein Geodreieck dabeihatte. Die Frau aus dem Reisebüro, bei der wir unseren Weiterflug gebucht hatten, und drei Kellner aus unserem Hotel, dem Blue Parrot Inn. Wir hatten eigentlich nur zwei gefragt, aber der dritte wollte auch gerne mitmachen. Das Blue Parrot Inn war direkt am Strand. Wir hatten das Zimmer, das früher die Bar war. Es war alles unglaublich cool und sexy. Ich sah wahnsinnig gut aus. Und Kiki natürlich auch.

»Und dann müssen wir noch den Bluttest machen.«

»Was für einen Bluttest denn?«

»Um auszuschließen, dass Sie verwandt sind.«

»Wir sind nicht verwandt. Wir kennen uns ja kaum. Also ich meine, wir sind verliebt, aber nicht verwandt.«

»Dann ist der Test ja kein Problem.«

Natürlich war der Test ein Problem. In Hochzeiten von Aids ließ ich uns doch nicht von irgendeinem Junkie-Arzt in einem Hippiedorf in Mexiko mit verunreinigten Spritzen Blut abnehmen. So gründet man doch keine Familie.

»Es ist so, dass wir beide kein Blut sehen können. Wir wär's, wenn wir den Test bezahlen, aber wir machen ihn gar nicht? Allen geht's gut, und die Kasse stimmt auch!«

Der Richter blickte demonstrativ zu seiner Sekretärin hinüber. Ich verstand. Er war nicht allein. Er konnte hier kein Geld annehmen. Er war ja nicht korrupt. Aber er hatte eine gute Idee.

»Mein Schwager ist Chefarzt. Ich komme morgen früh um acht mit ihm zu Ihnen ins Hotel, und dann machen wir den Bluttest dort. Dann haben Sie keine Umstände.«

»Das ist eine gute Idee!«

Alles klar, Geldübergabe morgen früh um acht.

Am nächsten Morgen kam er tatsächlich. Und tatsächlich mit seinem Schwager. Und der stand da tatsächlich im grünen Chirurgenkittel an meinem Kaffeetisch im Sand. Kiki war gar nicht erst mit heruntergekommen. Es ging ja nur um die Geldübergabe. Aber jetzt begann tatsächlich ein Medizin-Check, um unsere Verwandtschaft auszuschließen.

»Welche Blutgruppe haben Sie?«, fragte der Chirurg ohne ein Lächeln.

»Ähm – A?«

»Und welche Blutgruppe hat Ihre künftige Frau?«

»Ähm – B?«

»Gut, das Ergebnis des Medizin-Checks liegt dann morgen bei der Trauung vor. Vielen Dank, einen schönen Tag noch.«

»Das macht dann 50 Dollar Gebühr pro Person, bitte«, sagte der Richter.

Und dann gingen sie wieder, zwei Männer, die sich nicht bestechen ließen. Einer im schwarzen Anzug und einer im grünen OP-Kittel. Am Strand von Playa del Carmen. Ein sehr, sehr surrealer Anblick. Aber es passte ja ins Bild. Die Ringe machte uns spätabends ein bekiffter Goldschmied aus der Fassung eines großen Bernsteins, den er an seiner Kette trug.

Am nächsten Morgen waren alle in der Garage des Richters. Arturo, die Kellner, die Frau aus dem Reisebüro. Der Taxifahrer, den ich mit seinem alten Chevy für den ganzen Tag gemietet hatte, kam natürlich auch mit rein.

Der Ventilator drehte sich träge, die Sekretärin saß

an der elektrischen Schreibmaschine, der Richter am leeren Schreibtisch, und die Zeremonie begann. Auf Spanisch, wir verstanden kein Wort, nur dass das Wort Liebe immer wieder fiel, Amor. Vom Tod, der uns irgendwann scheiden würde, war überhaupt keine Rede. Nur von Liebe.

Bis heute habe ich keine schönere Trauung gesehen. Danach feierten wir am Strand mit all den wunderbaren Menschen, die wir gar nicht kannten. Bis heute war ich auf keiner schöneren Hochzeit. Unsere Eltern bekamen ein Fax: »Just married« stand darauf. Und dass wir uns freuen würden, unsere Schwiegermütter bald kennenlernen zu dürfen.

Tja, 22 Jahre ist das jetzt schon her und der Beweis für die These: Einfach den Instinkten folgen und nicht lange fackeln.

Zurück in Wiesbaden, wo ich in einer unglaublich coolen Designer-Altbau-Dachwohnung mit wahnsinnig teuren Möbeln wohnte, zog Kiki dann bei mir ein. Die Wohnung war so cool, dass mehrere Folgen von *Ein Fall für zwei* dort gedreht worden waren. Mit Privatdetektiv Matula! Kiki war natürlich total beeindruckt. Da hatte sie schon einen Fang gemacht! Jetzt, wo wir verheiratet waren, musste ich allerdings ein paar Dinge klarstellen.

»Also, was die Wohnung betrifft, Schatz, wäre super, wenn du ein bisschen aufpasst, dass nichts an die Möbel kommt. Es ist im Grunde so, dass ich die Wohnung sozusagen möbliert gemietet habe. Quasi mit Möbeln. Die mir nicht gehören. Die gehören im Grunde dem

Besitzer, der ist Arzt und für ein, zwei Jahre in Thailand. Arzt ohne Grenzen, quasi. Der Ledersessel zum Beispiel, der ist besonders empfindlich. Und das Sofa. Und der Tisch. Auch der Fernseher.«

»Bist du etwa ein Hochstapler?«

»Hochstapler ist ein großes Wort!«

»Was gehört denn dir?«

»Na, zum Beispiel der coole alte Mercedes vor der Tür!«

»Der rostet.«

»Rost ist auch ein großes Wort. Was soll's, lass uns feiern!«

Und das taten wir dann auch jeden Abend, genauer nachts. Kiki arbeitete für die Sendung *heute nacht,* die ich später mal moderieren würde, aber davon wussten wir damals noch nichts. Sie kam immer erst um ein Uhr nach Hause, suchte bis zwei nach einem Parkplatz und ließ dann weinend den Wagen auf der Straße stehen. Danach suchte ich noch eine Stunde. Und dann tanzten wir bis in den Morgen. Jede Nacht klingelte das arme Lehrerehepaar aus der Wohnung einen Stock tiefer im Bademantel bei uns an der Tür und bat flehentlich um Ruhe. Lehrer, ha, da konnte man endlich mal ein bisschen was zurückgeben für all die Strapazen in der Schule. Mit Lehrern würden wir ja so schnell nichts mehr zu tun haben. Dachten wir. Wir haben uns entschuldigt, gelacht und natürlich weitergetanzt.

Und dann das: Keine Nierenbeckenentzündung, ergab die Untersuchung im Paulinenkrankenhaus in

Wiesbaden. Die polnische Krankenschwester übermittelte die Diagnose: »Frau ist gesund. Aber Frau ist schwanger.« Nachrichten sind ja mein Geschäft, aber natürlich haute diese mich um. Damit hatten wir nicht gerechnet. Was, wenn die Ehe nicht halten würde? Wir waren ja einfach nur unseren Instinkten gefolgt, hatten nicht lange gefackelt. Was würde sich jetzt ändern für mich? Was würde aus meinem Oldtimer werden, hinten keine Sicherheitsgurte, für Kinder völlig ungeeignet, Maxi-Cosi statt Mercedes, was für eine Vorstellung!

Immerhin hatten wir gleich einen Namen für das Kind, und damit war auch klar, es konnte nur ein Mädchen werden. Pauline! Meine Tochter! Mein Leben als Harrison Ford war vorbei. Ich war jetzt Kevin Costner. Ich würde für immer ihr Bodyguard sein.

Vor allem aber war ich ziemlich verwirrt. Ich traute mir selbst nicht über den Weg und fuhr deshalb die Strecke zur Klinik immer wieder ab. Bei Regen, bei Trockenheit. Bei Tageslicht und in der Nacht. In verschiedenen Autos, meinem schönen Oldtimer und dem – Fiat meiner Frau. Übrigens habe ich mich natürlich auch rührend um meine Frau gekümmert. Aus Solidarität nahm ich zehn Kilo zu. Wenn mir beim Essen jemand sagte: »Du hast da einen Krümel am Kinn«, musste ich fragen: »An welchem?« Ich wollte den Weg jedenfalls auch blind finden können und bei größter Aufregung. Die Strecke war immerhin 1,7 Kilometer lang und hatte fünf Kurven. Und es gab nur zwei Ausweichrouten.

Natürlich setzten die Wehen abends ein, wie konnte es auch anders sein. Für den Tick Dramatik extra. Alles in der Dunkelheit, das Krankenhaus im Nachtschichtmodus, wahrscheinlich überhaupt keiner da. Ich wusste, dass ich Kraft brauchen würde. Also legte ich mich zuerst mal schlafen und hörte nichts mehr von Kikis Stöhnen.

Um zwei Uhr weckte sie mich dann. Es ging mir gut, Gott sei Dank. Ich fuhr sie wie auf Schienen zur Klinik. Unser Arzt kam im gleichen Moment an wie wir, stieg zerzaust aus seinem Porsche, direkt von einer Party weg, aus den Armen einer Frau, so sah er aus. Frauenarzt, ha. Was für ein Cabrio-Casanova, aber wir brauchten ihn.

Natürlich war ich vorbereitet. Beruhigendes Zureden im Wehenzimmer, Klangschalen-Musik-CD, Fußmassage, was man so macht. Aber Kiki war leider undankbar und einfach nur genervt.

Ich ging zum Münztelefon unten in der Lobby – wir sind ja im Vorhandy-Zeitalter – und rief meine Schwester an.

»Alles in Ordnung. Läuft alles bestens. Hab Kiki massiert. Hat ihr sehr geholfen. Denke, das wird keine große Sache. Ich schaff das schon alles. Mach dir um mich keine ... ähm, Moment mal, ich muss auflegen!«

Vor der verschlossenen gläsernen Krankenhaustür standen ein Mann und eine Frau mit riesigem Bauch. Er die Panik in den Augen. Sie den Mund zum Schrei geöffnet. Und so breitbeinig, als würde jeden Moment das Kind unten herausfallen. Die Rezeption war unbesetzt. Ich rannte zur Tür und öffnete ihnen. Sie liefen so schnell sie konnten zum Kreißsaal. Ich musste mich erst mal setzen und sammeln. Nirgendwo gab es Alkohol.

Fünf Minuten später ging ich wieder hoch. Aus dem Kreißsaal Schreie, die mir in Mark und Bein fuhren. Der Mann stand mit entsetztem Gesicht davor. »Mein Gott«, dachte ich, »was kommt auf mich zu?« Vielleicht sollten wir es uns noch einmal anders überlegen! Ich ging zu Kiki ins Wehenzimmer, drehte die Klangschalen-Musik so laut es ging und massierte ihr wieder die Füße. Auf was hatten wir uns da nur eingelassen?!

Am Rosenmontag um 11 vor 11 kam Pauline zur Welt. Und die Welt war nicht mehr dieselbe.

Nackt unter Müttern

Die erste Ausbildungsstation war natürlich der PEKiP-Kurs. Ganz was Neues damals, wahnsinnig progressiv. Eigenbeschreibung: »Das Prager-Eltern-Kind-Programm ist ein Konzept für die Gruppenarbeit mit Eltern und ihren Kindern im ersten Lebensjahr. Ab der 4. bis 6. Lebenswoche treffen sich junge Eltern mit ihren Babys in kleinen Gruppen. Im Mittelpunkt stehen Spiel-, Bewegungs- und Sinnesanregungen für Eltern und Kinder.« Wow, zusammen mit Kindern spielen, bewegen, das hatte man ja noch nie gehört.

Aber Sinnesanregungen? Einmal schickte mich meine Frau hin:

»Die sind da übrigens alle nackt«, rief Kiki mir beim Rausgehen noch hinterher, »die Babys ganz und die Mütter oben ohne. Wegen der Sinnesanregung. Zur Intensivierung der Mutter-Kind-Beziehung.«

Was nimmt der Mann nicht alles auf sich für die Bildung seines Kindes. Und was glaubt der Mann nicht alles, wenn er es nur glauben möchte. Natürlich war ich der Einzige, der ohne T-Shirt in den Raum kam. Sechs bekleidete Mütter schauten mich verständnislos an.

Veräppelt man mit PEKiP nur Väter? Oder auch die Kinder selbst? Das Schöne an dem Geschäftsmodell ist ja: Bleibende Schäden hinterlässt es wohl kaum, aber ob es was bringt, weiß kein Mensch. Die Babys reden ja wenig darüber, und Experten sagen mal so und mal so.

Man muss ja auch nicht aus allem gleich eine Wissenschaft machen. Wenn Babys im Kreis auf ihren Bäuchen rumliegen und Mütter und Väter davon fasziniert sind, dann sollen sie das machen. Es ist auch einfach eine erste Gelegenheit, andere Eltern kennenzulernen. Nette womöglich, selbst wenn sie nicht nackt sind.

Über die Hygienebedingungen in den aufgeheizten Räumen mit all den windelfreien Kindern müsste man natürlich noch mal gesondert nachdenken.

Aber wer ist schon konsequent? Wir hatten den besten, überprüftesten, sichersten Maxi-Cosi der Welt gekauft, nur um anschließend damit in einem Taxi ohne Sicherheitsgurte durch Neapel zu rasen. Vom Flughafen zur Fähre und mit der hinüber nach Ischia. Ja, da, wo auch die Merkels immer Urlaub machen, sehr konservativ, ich weiß, aber es ging uns ja um Sicherheit. Mit gefühlten 180 also durch Neapel und einem Taxifahrer, der sich beim Erklären der Sehenswürdigkeiten immer nach hinten umdrehte.

»Und das hier links …«

»Achtung, das Auto! Bitte schauen Sie nach vorne!« Krampfhaft umklammerte ich den Maxi-Cosi.

Pauline war ein halbes Jahr alt. An alle, die glauben, nach einem halben Jahr sei es unbedingt Zeit für eine Fern- und Flugreise mit einem Baby: Das ist es nicht! Fahren Sie mit dem Auto an die Ostsee oder mit dem

Zug in den Harz. Fahren Sie ins Fichtelgebirge, aber steigen Sie nicht in ein Flugzeug!

Denke ich auch heute noch, wenn ich Babys im Flieger schreien höre, bemitleidenswerte Mütter sehe, die mit hochroten Köpfen versuchen, ihre Kinder zu beruhigen, orientierungslose Väter, die immer wieder neue Utensilien aus den Gepäckfächern über den Köpfen der kinderlosen Passagiere in der Reihe dahinter holen müssen. Verfolgt von tödlichen Blicken. Wofür das alles?

Endlich angekommen, muss man das Baby ständig vor zu viel Sonne schützen, und die Mütter sind sauer, weil sie ihre Strandfigur doch noch nicht zurückhaben, obwohl der Mann das zu Hause behauptet hat. Der, der jetzt die schlanken, kinderlosen Frauen beim Sonnen beobachtet. Während ihn die zehn Kilo, die er selbst »aus Solidarität« in der Schwangerschaft mit zugenommen hat, überhaupt nicht stören. Natural Beautys mit unerschütterlichem Selbstbewusstsein, diese Jungväter.

Natürlich hatten wir uns auf den Flug vorbereitet. Schlucken gegen den Ohrendruck, dann schreien die Babys nicht, weil sie dann keine Schmerzen haben. Ein Fläschchen stand also für den Start bereit. Dann das Zeichen vom Piloten:

»Cabin crew, ready for take-off!«

Und wir waren bereit fürs Füttern. Das Fläschchen raus und angesetzt, in einem Zug war die Pulle leer. Dann blieb der Flieger plötzlich stehen. Pause. Problem mit der Maschine vor uns. Pause. Der Blick fiel auf die leere Flasche. Pauline machte ein Bäuerchen. Pause.

Dann hob das Flugzeug ab, und das Kind begann zu schreien.

Zum Hotel mussten wir dann mit einem Rikscha-Moped fahren. Es gab nichts anderes. Nach der gurtlosen Taxifahrt durch Neapel jetzt mit einem Dreirad über eine Adriainsel, steile Abhänge rechts und links, den sichersten Maxi-Cosi der Welt unangeschnallt auf dem Schoß.

»Hier rechts sehen Sie jetzt ...«

»Nein! Schauen Sie nach vorne!«

Das Hotel war eine Empfehlung aus der *Elle*. Gemütliche Atmosphäre, kinderfreundlich, frisch renoviert mit herrlichem Blick, das hatte die Redakteurin geschrieben. Entweder war sie vor Ort bestochen worden oder niemals da gewesen. Soll es ja geben. Ich saß mal bei irgendeiner Veranstaltung neben einer Kollegin der *H.O.M.E.*, und sie sagte, sie kümmere sich da um die Reisen.

»Ach, da beneide ich Sie wirklich. Welch ein Traumberuf! Ich reise beruflich leider immer nur in Kriegsgebiete.«

Bisschen den Harrison Ford gemacht. Sie war ganz attraktiv.

»Ach, ich reise ja leider gar nicht.«

»Wie, Sie reisen gar nicht? Ich denke, Sie sind ...«

»Ja, ja, aber wir kommen ja hier nicht raus, das ist ja viel zu teuer.«

»Aber wie können Sie denn dann die Hotels bewerten?«

»Oh, das ist kein Problem, die schicken uns ja die Informationen.«

»Die schicken … ich verstehe.«

So muss es in unserem Fall auch gewesen sein, denn nichts von der Beschreibung in der *Elle* stimmte, absolut nichts. Das Bett brach zusammen, wirklich wahr, das Zimmer war dunkel, der Blick fiel direkt auf eine Betonwand, und keiner mochte Kinder.

Das hinderte Pauline nicht daran, den Tag so früh wie möglich zu beginnen. Carpe diem, ab fünf Uhr morgens. Ich packte sie also in den Kinderwagen, den hatten wir ja auch noch dabei, und ging schon im Dunkeln mit ihr spazieren. Meistens auch mit Regenschirm, denn es regnete natürlich, wenn schon, denn schon. Die einzigen anderen Menschen, die um diese Zeit unterwegs waren, waren Fischer, die entweder die Köpfe schüttelten oder lachten, mich jedenfalls für völlig verrückt hielten. Fährt ein Deutscher morgens im Regen mit dem Kinderwagen über die Mole. Tedesci.

Es war einfach nicht unser Urlaub. Es gab auch keine Hipp-Gläschen mit ungezuckerter Babynahrung.

»Überall ist Zucker drin, Kiki!«

Es gab auch nichts ohne Salz für Babys.

»Überall ist Salz drin, Kiki!«

Mutter und Vater standen weinend im italienischen Supermarkt, denn das Kind musste jetzt sterben. Was hatten wir nur getan? Warum waren wir nicht im Fichtelgebirge? Ihr Leben hat Pauline einzig meiner Schwester zu verdanken, die schickte deutsche Bio-Gläschen ohne Salz und Zucker mit Federal Express.

Was das gekostet hat! Das einzig vermeintlich Gute an diesem Urlaub war: Ich bekam dort einen Anruf von meinem Chefredakteur und wurde als Korrespondent nach Wien versetzt. Betonung auf »vermeintlich«. Kurz vor Paulines erstem Geburtstag zogen wir nach Österreich. Küss die Hand, gnädige Frau.

Erster Kindergarten – mit Falco, Schwarzenegger und Danzer

Es war der erste große Familienumzug. Professionell mit Speditionsunternehmen.

»Machen Sie sich keine Sorgen, wir packen hier alles ein für Sie, und auf der anderen Seite, in Wien, packen wir alles wieder aus. Sie müssen nur zugucken und für Bier sorgen, haha.«

»Haha«, lachte ich mit, die waren ja schon mal gut gelaunt, da konnte ja nichts mehr schiefgehen. Zeitlich war alles genau getaktet. Der Lkw fuhr einen Tag früher, dann wir mit dem Auto hinterher, und in Wien sollten alle zur selben Zeit ankommen. Da warteten dann die Handwerker, Elektriker, Küchenbauer, Installateure, was man alles so braucht, wenn es nicht mehr die Kumpels machen.

Alles à la minute.

Ein Autobahnrastplatz hinter Regensburg, es war gegen Mittag, wir hielten kurz an, um schnell zu tanken.

»Sag mal, Kiki, ist das nicht unser Laster? Das ist

doch unser Umzugswagen! Die müssten doch schon viel weiter sein!«

»Die haben sich wahrscheinlich einen schönen Abend in irgendeinem Autobahnpuff gemacht.«

»Das gibt's doch gar nicht. Da geh ich jetzt hin!«

Von vier Umzugsleuten saß nur einer vorne im Führerhaus, zusammengesunken über dem Lenkrad.

»Was machen Sie denn hier? Sie müssten doch schon viel weiter sein!«

Völlig erstaunt guckte er mich an und nuschelte irgendwas von »Ruhezeiten einhalten«.

»Was heißt hier Ruhezeiten. Es ist Mittag. Ihr müsstet doch längst wieder unterwegs sein. Es ist doch alles genau getaktet!«

»Wir fahren ja gleich los. Nur die Ruhe. Ist nicht unsere erste Tour. Stellen Sie das Bier schon mal kalt, wenn Sie da sind.«

»Sehr witzig, es wird überhaupt nichts geben, wenn Sie nicht in die Gänge kommen.«

Dem hatte ich es gegeben.

Nachmittags kamen wir endlich an. Wir, nicht der Lkw. Wien war komplett eingeschneit. Es war saukalt. Hätten wir gleich ins Studio Moskau gehen können, dachte ich. Vor unserem Haus standen fünf oder sechs Handwerkerautos, alle mit laufenden Motoren, um zu heizen. Und mit laufenden Stunden- und Geldzählern. 50 Schilling, 100 Schilling, 150 Schilling. Und alles fürs Nichtstun und Warten. Bis endlich der Wagen mit den Möbeln kam. Und gutgelaunte Möbelpacker: »Hat doch bis jetzt alles super geklappt!« Die erste Kiste mit fröhlichem Schwung von vorne auf die Schulter gehievt, und hinten fiel sie gleich wieder runter. Endlich daheim im neuen Zuhause. Wien.

Was wir bald herausbekamen: Die Kellner in ihren abgewetzten Anzügen sind unverschämt, wenn man sich aber mit Doktor oder Magister oder Ingenieur vorstellt, werden sie devot. Und wenn Wiener mal mutig sind, dann hupen sie im Auto. Aber erst, wenn sie schon überholt haben. Das alles zusammen macht den berühmten Charme aus. Sagen wir so, man kann Wien leicht missverstehen. Die Sachertorte ist übrigens auch nicht im Sacher gut, sondern schmeckt im Demel viel besser. Und wenn der Ober im Schwarzen Kameel befiehlt, man solle statt des Schnitzels das Kalbsgulasch nehmen, dann macht man das am besten auch und zahlt, ohne zu murren, einiges mehr.

Es waren keine schlechten Jahre. Ich war ja auch meistens weg. Zwölf Länder gehörten zu meinem Berichtsgebiet, der ganze Balkan, für Opernbälle blieb kaum Zeit. Mal wollten die Serben sich den Kosovo holen, mal spielten die Albaner Bürgerkrieg, mal kam der Papst nach Rumänien. Große Geheimsache. Keiner durfte wissen, wo er mit seinem Papamobil in Bukarest entlangfahren würde. Allerdings waren die Straßen in furchtbarem Zustand. Bis auf die eine, die gerade frisch geteert worden war. Hm, wo könnte der Papst wohl langfahren?

Es gab also immer etwas zu berichten, und für Pauline blieb kaum Zeit. Hat das dem Kind etwa geschadet? Natürlich. Eine Tochter braucht ihren Vater immer. Hauptsache, Qualitätszeit, heißt es. Blödsinn. Es zählen nur die Rituale, ein Vater sollte jeden Abend nach Hause kommen. Der Rest ist egal, genauso wie die ganzen ideologischen Fragen: Holz oder Plastik, Wald oder Straße, völlig egal. Ich bin in einer Fußgängerzone in Bochum groß geworden. Da sind wir mit Rollschuhen Slalom um die Fußgänger gefahren. Was für ein Riesenspaß! Wir haben uns in Lagerhallen versteckt statt im Wald, sind auf Hochhausdächer geklettert statt auf Bäume und über Bahngleise gesprungen statt über Bäche. Wir – hatten wohl auch viel Glück.

Jedenfalls braucht ein Kind seinen Vater, und es ist besser, spät aus dem Büro zu kommen und jeden Abend eine Gute-Nacht-Geschichte vorzulesen, als einmal die Woche drei Stunden lang in den Zoo zu gehen.

Aber ich hatte keine Wahl, ich musste Pauline in den ersten drei Jahren häufig ihrer Mutter und den Österreichern überlassen. Natürlich hat Kiki sich alle Mühe gegeben, ist doch klar. Aber natürlich machte ich mir auch Sorgen. Sie würde sich hier doch niemals zurechtfinden.

Kiki erinnert sich anders daran. Demnach sei es so gewesen:

Sie fand sich auch in Wien schnell zurecht. Von morgens bis abends erkundete sie mit Pauline die Stadt. Oft waren die beiden im Hundertwasserhaus, dem Hotspot der Kulturszene. Durch Kiki lernte Pauline Kunst kennen, noch bevor sie sprechen konnte. Kiki traf sich mit Manfred Deix und Georg Danzer, und alle liebten sie.

Nebenbei arbeitete sie auch noch im ARD-Studio Wien als Reporterin und kochte extravagante Marmeladen und Saucen, die sie auf den Wochenmärkten im 18. Bezirk an Diplomaten verkaufte. Erdbeer-Ingwer-Melisse mit Tigerstoff-Applikationen am Glas. Pauline war selbstverständlich immer dabei. Sie waren so erfolgreich, dass Käfer in München sie ins Programm aufnehmen wollte, aber Kiki lehnte ab, um ihrem Mann nebenbei auch weiterhin noch den Rücken freihalten zu können.

Manchmal kamen sie sich auch ins Gehege. Bei der Verhaftung des PKK-Führers Öcalan in Afrika zum Beispiel, die in ganz Europa zu Demonstrationen und Botschaftsbesetzungen durch Kurden führte. Auch in Wien, wo Kiki für die ARD durch eine Reihe von Scharfschützen hindurch als einzige Journalistin in die besetzte nigerianische Botschaft gekommen war und Interviews führte. Nachdem sie Pauline im Kindergarten abgegeben hatte. Während ihr Mann vom ZDF wie alle anderen Korrespondenten vor Botschaften wartete, wo nichts los war.

So erinnert sich Kiki. Meines Erachtens sehr stark zugespitzt, wenn auch nicht gänzlich unwahr womöglich. Sie hatte es natürlich auch gut. Wir wohnten im Erdgeschoss eines schönen alten Hauses im 19. Bezirk. Es hatte ja eins mit Garten sein müssen. Völlig nutzlos für ganz kleine Kinder. Erst liegen sie im Maxi-Cosi im Garten, dann krabbeln sie mit Würmern im Garten, dann essen sie den Sand im Garten, dann werden sie von Wespen gestochen. Gärten braucht man, um Jungs zum Fußballspielen rauszujagen. Von mir aus Mädchen auch, aber doch erst später.

Natürlich hatten wir nicht nur den sichersten Maxi-Cosi der Welt, sondern später auch den besten Buggy. Wir waren über Ostern ein paar Tage in Kötschach-Mauthen in Kärnten und fuhren schnell mal rüber über die Berge nach Tolmezzo, um uns einen original italienischen Flitzer für Pauline zu besorgen. Mittags auf der Rückfahrt kehrten wir dann ein auf einen schönen Palatschinken. Einen Gavi dazu, einen Espresso hinterher, und weiter ging's. Herrlich. Mit dem neuen Buggy zurück zum Wagen, Pauline im Autositz angeschnallt, Testsieger natürlich, und ab. Der perfekte Ausflug!

Abends im Hotelzimmer sagte Kiki zu mir: »Holst du mal bitte den Buggy aus dem Auto. Ich möchte ihn lieber hier im Haus haben.«

»Natürlich.«

Natürlich zog ich mich gerne wieder an und ging noch mal raus zum Auto. Und machte den Kofferraum auf. Wo nichts drin war.

»Äh, Kiki, sag, hast du den Buggy vielleicht schon aus dem Auto genommen?«

»Nein.«

»Dann ist er gestohlen worden!«

»Das gibt's doch gar nicht. Ist der Kofferraum aufgebrochen?«

»Nein.«

»War der Wagen nicht abgeschlossen?«

»Doch.«

»Wo hast du den Buggy denn das letzte Mal gesehen?«

»Na, als wir aus dem Lokal gekommen sind heute Mittag und ich ihn hinter den Kofferraum gestellt habe und dann Pauline angeschnallt habe und dann – losgefahren bin.«

»Du hast den Buggy nicht eingeladen?«

»Natürlich hab ich, als ob ich – den Buggy. Ich bin gleich wieder da. Schlaft ihr ruhig schon mal.«

Und dann fuhr ich also mit klopfendem Herzen 50 Kilometer zu dem blöden Lokal zurück. Den ersten Buggy schon gleich verloren, was war ich nur für ein Vater, was, wenn das Kind noch dringesessen hätte? Eine Stunde Fahrt durch die Berge, eine Stunde Selbstvorwürfe. Und dann stand da doch tatsächlich der nagelneue Buggy ganz allein auf dem leeren Parkstreifen, genau da, wo ich ihn hinterm Auto hatte stehen lassen. Das gibt's doch gar nicht. Wahrscheinlich parken die Österreicher Buggys immer auf dem Seitenstreifen, und keinem kommt es komisch vor.

Österreichern kommt eh nichts komisch vor. Als wir mittags in dem Lokal gewesen waren, saßen am Nebentisch drei alte Österreicher mit Ostereiern und Bier. Zwei schauten stumm geradeaus, der dritte pellte sich ein Ei und aß es. Und dann kam es ihm aus der Nase wieder heraus. Kein Scherz. Das zerkaute Ei. Die Augen tränten ihm, aber er schaute stur geradeaus, kaute, und das Ei kam aus der Nase wieder raus. Und alle drei taten so, als ob überhaupt nichts wäre! Vielleicht war es ja auch ein Zaubertrick, den sie schon zu oft gesehen hatten. Ei essen und durch die Nase wieder herauskommen lassen. Wir fragten natürlich, ob alles okay sei, bekamen aber nur drei fragende Blicke. Natürlich war alles okay, was sollte denn sein? Dem Mann lief doch nur ein Ei aus der Nase.

Aber was erwarteten wir auch? Österreich! Wien! In jedem zweiten Haus in unserer Straße war eine Psychopraxis. Freuds Stadt halt. Dann fanden wir heraus, dass die Hausbesitzerin, die im ersten Stock über uns lebte, schon einmal aus dem Fenster gesprungen war. Ihr Zimmer war über dem Kinderzimmer. Was, wenn sie es wieder tat? An Paulines Fenster vorbei? Wir zogen vorsichtshalber um. Was für eine Stadt, was für ein Land! Was für einen Kindergarten sollten wir hier finden?

»Ja, das glauben wir gerne, dass Sie einen Platz haben wollen. Aber da sind Sie nicht der Einzige. Aus Deutschland? Ach ja. Na, dann stellen Sie sich mal ganz hinten an.«

Aus Deutschland. Piefke. Jede Gelegenheit wurde genutzt, es dem großen arroganten Nachbarn zu zeigen. Gerne auch ganz direkt. Der ewige Minderwertigkeitskomplex. Alle Plätze waren vergeben. Und wir waren Fremde. Das hatten wir auch ganz amtlich: in einem gelben »Lichtbildausweis für Fremde«.

Doch jetzt zahlte sich zum ersten Mal mein Studium aus. In Wien braucht man nicht mal einen Doktortitel, um sich aufzuspielen. Kein Titel ist zu klein, um nicht ständig genannt zu werden. Ein bekannter Fußballreporter mit Ingenieursabschluss wurde auch so angesprochen: »Wir schalten ins Stadion zu Ingenieur Finger«, hieß es immer im Radio, und kein Österreicher wunderte sich. Ich saß im Wartezimmer beim Augenarzt und merkte erst beim dritten Mal, dass ich es war, der da gerufen wurde:

»Herr Magister Kausch, bitte.«

Nie hatte ich bisher mein Examenszeugnis zeigen müssen, kein Arbeitgeber hatte sich je für meine Ausbildung interessiert. Eins hatte sich immer aus dem anderen ergeben. Jetzt erst machte die Lernerei Sinn, und wir schlugen die Wiener mit ihren eigenen Waffen. Anruf aus dem »Büro«, Kiki gab sich als meine Sekretärin aus:

»Der Herr Magister Kausch interessiert sich für Ihre Einrichtung …«

»… hat im Moment drei Kindergärten in der engeren Wahl.«

»… nein, hat sich noch nicht entschieden …«

»Ja, zu sofort.«

»Morgen passt gut. Da haben Sie Glück.«

Natürlich war es der schönste Kindergarten der Stadt. Katholischer Pfarrkindergarten Heiligenstadt, ganz idyllisch an einem kleinen Pfarrplatz draußen bei Grinzing, wo die Heurigen sind. Nebenan das Weingut Meyer. Und vor dem Eingang des Kindergartens stand immer ein Obdachloser mit einer riesigen roten Nase. Für die Kinder sah er aus wie eine Märchengestalt. Der

Riese mit der roten Nase. Für die Eltern wie ein Obdachloser. Doch es stellte sich heraus, dass er wirklich der gute Geist hier am Platz war, er passte auf und machte sauber. Der gute Marillengeist.

Ach ja, es war wirklich keine schlechte Zeit. Als Falco starb, waren wir allerdings gerade bei Ikea. Hatten den ganzen Einkaufswagen mit Regalen voll, mühsam ausgesucht. Konnten wir alles stehen lassen, weil ich ins Studio musste, um für die *heute*-Nachrichten über seinen Tod zu berichten. Aber wann ist dafür auch schon ein guter Zeitpunkt?

»Muss ich denn sterben, um zu leben?!«

Wie eine Stimme aus dem Grab klang das Album *Out of the Dark*, das kurz nach seinem Tod veröffentlicht wurde. Irre geschmackloses Grab übrigens auf dem Zentralfriedhof von Wien, wo auch Mozart liegt. Vielleicht war Falco ja der genialste Österreicher seit Mozart. Beide starben jung. Beide hätten einen erhabeneren Tod verdient gehabt. Mozart glaubte, vergiftet zu werden, erlag aber wohl nur rheumatischem Fieber. Falco wurde vom Bus überfahren, als er aus einer Disco kam.

Aber Arnold Schwarzenegger lebt noch. Den wollen wir nicht vergessen, wenn's um geniale Österreicher geht. Vor allem, weil eine Zeitlang das Gerücht ging, er sei der Vater von Pauline. Arnie war in Graz, weil da die Weltpremiere seines Batman-Films stattfand. Deshalb war ich auch da, um zu berichten. Und weil bei diesem Einsatz ausnahmsweise mal im Film und nicht in Wirklichkeit geschossen wurde, nahm ich meine Familie mit. Und weil das Geburtshaus von Arnie in Graz war, wurden die Journalisten da alle hingekarrt, um viele Foto- und Filmaufnahmen zu machen. Und weil Pauline vor der Tür von Arnies Haus saß, war sie plötzlich das Fotomotiv. Sie war so etwa eineinhalb.

»Wohnt das Kind hier?«, fragte ein Reporter.

»Ja«, scherzte Kiki, »die Kleine wohnt hier.«

»Hey, Leute, hier wohnt die Tochter vom Schwarzenegger«, rief daraufhin der eine Reporter, und der nächste schrie es weiter auf Englisch …«

»Arnie's daughter!«

… und der nächste auf Japanisch …

»?«

Und plötzlich stand da ein Reporterpulk, und alle fotografierten Pauline, die uneheliche Tochter von Schwarzenegger, und Pauline freute sich über die Aufmerksamkeit und poste wie ein kleines Model, ein kleines Rampenferkel.

15 Jahre später im Englischunterricht musste sie einen Aufsatz über den American Dream am Beispiel von Arnold Schwarzenegger schreiben.

Comment on the following statement by Schwarzenegger:
»I am a strong believer in the philosophy of success, of progress, of getting rich.«

Pauline schrieb empört:

> *When Martin Luther King once said »I have a dream«, I'm sure he didn't mean just getting rich. My personal dream for my life is to be happy with what I do and who I am.*

Who I am – dass sie kurzzeitig Arnies Tochter war, wusste sie gar nicht.

Unser anderer österreichischer Freund war Georg Danzer. Der große Liedermacher. Es gab Rainhard Fendrich und Wolfgang Ambros und Georg Danzer. Georg war der beste von den dreien. Hat unseren alten Volvo durch den TÜV gebracht, als ich mal wieder nicht da war. Bürgerkrieg in Albanien, glaube ich. Brennende Autos, Schüsse in den Straßen, ich mal wieder mittendrin. Jason Bourne.

Georg war allerdings auch sehr cool. Konnte mit 50 noch Jeansjacken zu langen Haaren tragen, ohne lächerlich zu wirken. Wenn wir zusammen abends durch Wien liefen, sprach ihn aber auch wirklich jeder an. Er hatte definitiv drei Streifen an den Schuhen. Mich sprach niemand an.

Wir lernten ihn kennen, weil seine Frau aus der gleichen Stadt stammt wie ich. Sie hatte sich geschworen, Georg Danzer zu heiraten. Ist ihm auf jedes Konzert nachgereist. Und hat es tatsächlich geschafft. Filmstoff. Zwei Kinder hatten sie zusammen.

Durch Georg begann ich allerdings wieder zu rauchen. Weil er so cool aussah mit Zigarette und alle Frauen ihn anhimmelten. Ich hatte mir das Rauchen während Kikis Schwangerschaft abgewöhnt. Aber als Journalist sitzt man in Wien den halben Tag in Kaffeehäusern, um Zeitungen zu lesen und gesehen zu werden und wichtig zu sein. In Kaffeehäusern in Wien konnte man damals allerdings kaum gesehen werden vor lauter Qualm. Absurd, da nicht zu rauchen. Und wenn ich auf dem Balkan war, dann rauchten sie da sogar beidhändig, und die nächste Fluppe steckte schon hinterm Ohr. Wie soll man da Nichtraucher bleiben?

Georg jedenfalls war ein Wiener, der schon vor dem Überholen hupte, nicht erst hinterher. *Weiße Pferde*, sein großer Hit:

»Aber sag mir, woran, woran, meine Liebe, glauben wir noch, woran, meine Liebe, glauben wir noch, woran, meine Liebe, glauben wir noch?«

Gute Frage, nicht an Zigaretten jedenfalls. Er starb an Lungenkrebs. Ein Typ, der Georg. Was sagte er immer über Kinder? Weiß ich gar nicht mehr. Was sagten die Wiener nach seinem Tod? »Der hat's gut, der hat das Leben schon hinter sich.« Der Tod ist der Moment, in dem für den Wiener das Glas endlich halbvoll und nicht mehr halbleer ist. Die Psychiatrie floriert nicht umsonst in der Stadt. Die Gerichtsmedizin ist übrigens in der Sensengasse Nr. 2.

Nach drei Jahren sprach Pauline schon so wienerisch wie Georg Danzer.

»Wo sind meine Patschen? Ich mag keine Fisolen! Ich will jetzt eine Topfengolatsche!«

Höchste Zeit, abzuhauen. Zurück nach Mainz zum Arbeiten, in die ZDF-Zentrale, zurück nach Wiesbaden zum Wohnen.

Zweiter Kindergarten – mit Läusen

Der Tulpenkindergarten in Wiesbaden war bekannt für – nein, leider nicht für Tulpen, für Läuse. Aber das hatte uns natürlich keiner gesagt. Es war das große Tabuthema, und immer wieder kam diese elementare Frage auf, die an die moralischen Grundfesten rührt, an christliche Werte, Nächstenliebe, Ehrlichkeit – sag ich's den anderen, oder verschweig ich es besser? Natürlich muss man es sagen.

»Du, stellt euch vor, wir haben doch tatsächlich Läuse. Haha. Verrückt, was? Es stört euch hoffentlich nicht? Da müssen wir jetzt alle gemeinsam durch!«

Oder sagt man's besser doch nicht? Der Riesenalarm, die unausgesprochenen Schuldzuweisungen, Hygienemangelunterstellungen, all die vorwurfsvollen Blicke. Jeder hasst den Läuseträger, viel mehr noch seine Eltern, das ganze versiffte Elternhaus. Wegen denen muss man jetzt Betten waschen, Stofftiere einfrieren, Chemie auf den Kopf schmieren, weil dieser Bio-Mist nicht wirkt, auch in die Haare der Mutter, versteht sich, die dadurch richtig strohig werden und ausgerissen vom Nissenkamm. Um aus der Not eine Tugend zu machen, ließ Kiki sich ihre Locken glätten und blonde Strähnchen machen. Und wollte Pauline aus dem Kindergarten abholen.

»Pauline, deine Mutter ist da«, rief die Kindergärtnerin.

Kurzer Blick aus der Spielecke. »Das ist nicht meine Mutter.«

Kiki weinte. Was für ein Drama.

Wir haben nie herausbekommen, ob die Läuse aus den lockigen, goldenen Engelshaaren des Sohnes eines späteren Regierungssprechers auf Pauline übergesprungen waren oder ob es umgekehrt war. Die zwei hatten viel Zeit miteinander verbracht, nicht nur im Tulpenkindergarten, und plötzlich hatten beide Läuse.

Würde die Freundschaft der Eltern etwa darunter leiden? Natürlich.

Immerhin, zwölf Jahre später sollte der einstige Läuseengel Pauline vor einer Nacht auf einem Polizeirevier in Berlin bewahren. Aber greifen wir nicht vor.

Es hörte nicht mehr auf mit den Läusen, fing immer wieder von vorne an, und nach einem halben Jahr mit Bettenwechsel, erfrorenen Teddybären und kaum noch Haaren auf dem Kopf wechselten wir erschöpft den Kindergarten.

Dritter Kindergarten – Läuse? Nein, Läuse hatte sie nie

Vorstellungsgespräch im neuen, musischen Kindergarten. Der schönste von Wiesbaden. Praktisch unmöglich, einen Platz zu bekommen. Idyllisch im Nerotal gelegen. Unterhalb der Weinhänge. Kindergärten und Wein, das schien irgendwie zusammenzugehören bei uns. Erster Anruf.

»Ja, guten Tag, Magister, äh, Thomas Kausch hier, wir ziehen Ihre Einrichtung als eine von mehreren …, ich meine, wir fänden es schön, wenn Pauline hier bei Ihnen und von Ihnen lernen könnte.«

»Vorher? Im Tulpenkindergarten.«

»Läuse? Nein, Läuse hatte sie nie.«

»Keine Chance, verstehe.«

Eine Woche später.

»Thomas Kausch noch mal. Nicht? Auch nicht absehbar. Verstehe.«

Noch mal eine Woche später.

»Thomas Kausch. Wollte doch noch mal … hartnäckig? Haha. Ja, weil ich Ihre Arbeit so schätze … der Blumenstrauß? Nur ein kleiner Sommergruß … zufällig etwas frei geworden? Tatsächlich? Ja, wir sind noch interessiert! Da haben Sie Glück! Ich meine, da haben wir Glück.«

Das Musische passte auch einfach besser. Ich war schließlich Schlagzeuger früher, ich hatte den Rhythmus noch im Blut. Getrieben von Neid, war es dann allerdings meine musikalisch völlig unbegabte Frau, die sich, man darf wohl sagen – übereifrig – engagierte. Ein Chorprojekt. Und gleich mit CD, eingesungen in einem richtigen Studio, eine Nummer kleiner ging's nicht.

Für die Kleinen natürlich total verwirrend, der ganze Rummel. Auftritte in ganz Wiesbaden, Fotoshootings für die CD, Fotos in den Zeitungen. Alle klatschen, alle begeistert, alle liebten die Kinder. Alle liebten Kiki. Klar war das toll. Nur – so früh so viel Erfolg, wie sollte das gutgehen? Kiki ging es doch nur um den schnellen Ruhm. Ich dagegen ging die Sache viel weitsichtiger an.

Pauline würde Klavier spielen lernen, das war mein fester Entschluss. Sie würde ein Klavier bekommen. Ein weißes Klavier für meine Prinzessin. Ein bisschen russisch sah es vielleicht aus. Aber nichts gegen Russen, dass die keinen Geschmack haben, ist ein Klischee. Man denke an die Pianisten. Prokofjew. Pletnjow. Putin. Ja, der kann natürlich auch Klavier spielen. P ist ganz klar der Buchstabe der Pianisten. Paulines Weg war vorgezeichnet.

Nun ja – das Klavier konnten wir dann wirklich noch gut verkaufen, nachdem sie mit 16 aufgehört hatte zu spielen. Ihrer Lehrerin musste sie allerdings selbst kündigen, immerhin das sollte sie noch lernen, wie man eine Geschäftsbeziehung anständig beendet.

Erste Grundschule – mein größter Fehler

Vielleicht waren es auch die Spätfolgen des Armbruchs gleich in der ersten Schulwoche, die Pauline das Klavierspiel schließlich verleideten. Vielleicht hatte sie Schmerzen, ohne es zu merken. Das arme Kind. Sie war auf dem Schulhof von der Kletterstange gefallen. Wo war da bitte die Aufsicht?! »Wulstbruch des distalen Radius« war die bittere Diagnose. Das Aus für jede Pianistin. Zwei Wochen Kunststoffverband. Meine Forderung an die Schulleitung: Mehr Aufsicht, sofort! Müsste im Übrigen doch auch ein Thema sein, mit dem man im Elternsprecher-Wahlkampf punkten konnte. Denn das war mein großes Ziel: Elternsprecher zu werden. Thomas Kausch. Für mehr Aufsicht, sofort!

Zum Schulsprecher hatte ich es nicht gebracht. Nicht in Palomino-Jeans. Dafür war ich auf dem Teppich geblieben. Ein Kumpeltyp, C&A, Cumpel & Anton, lachte mein Vater immer. Ich war einer aus dem Pott. Einer, der auf derselben Schule war wie – Herbert Grönemeyer! Gymnasium am Ostring in Bochum. Er war ein paar Stufen über mir. Der Herbie. »Bochum, ich komm aus dir …« Ja, und zwar aus dem gleichen Gymnasium wie ich. Wäre ich etwas früher geboren, hätten wir vermutlich zusammen in einer Band gespielt.

»Herbie, du alter Leierkasten«, hätte ich gesagt, »lass mich mal besser singen, du kriegst ja keinen Ton grade raus.« »Weiß ich doch, Thommy, weiß ich doch«, hätte Herbie gesagt, »aber die Leute merken das nicht.« Wir hätten zusammen *Das Boot* gedreht. Wir hätten – was Herbert und ich halt so gemacht hätten. Herbie, alter Kumpel. Schade, Mensch, dass ich ihn nie kennengelernt habe. War einfach ein paar Klassen weiter als ich.

Jedenfalls sah ich jetzt meine Chance. Schumann-Schule, Wiesbaden, der erste Elternabend, ich ließ mich aufstellen. Nach allem, was ich wusste, ducken sich immer alle weg. Aber an dieser Schule war das offensichtlich anders.

»Herr Kausch meldet sich freiwillig«, sagte Frau Chantali, die Klassenlehrerin, und statt es dabei bewenden zu lassen, hakte sie weiter nach:

»Gibt es weitere Interessenten? Na, kommen Sie, es wird doch noch ein paar weitere engagierte Eltern geben, die sich für das Wohl der Klasse einsetzen möchten!«

»Also, wie gesagt«, warf ich ein, »ich würde die Verantwortung übernehmen!«

»Na gut, dann stelle ich mich auch zur Wahl«, die kleine, hagere, sehr unfreundlich wirkende Mutter ganz rechts vorne hob den Arm – und damit war der Damm gebrochen.

»Ich mach auch mit.«

»Ich auch.« »Ich auch.« »Okay, ich auch.«

Völlig unnötigerweise hatten wir auf einmal sechs Kandidaten. Die Sache war kein Selbstläufer. Jeder stellte sich kurz vor, ich wollte schon die Wiener Karte ziehen – Magister, ZDF, Kugelhagel, Albanien –, entschied mich aber doch noch um, man kennt die deutsche Neidkultur, Erfolg wird nicht gewürdigt, Hierarchie nicht anerkannt.

Alleinerziehender Vater dagegen, von der Ehefrau verlassen, durchgebrannt mit einem anderen, ohne Rücksicht auf die Tochter, um die ich mich rührend kümmerte – das wäre ein schönes Wahlprogramm, könnte allerdings auch auffliegen. Also stellte ich mich vor, wie ich bin, ein einfacher Mann, der für andere Mütter kämpfen wollte, auch für deren Kinder natürlich. Und für mehr Aufsicht, sofort!

»Thomas Kausch, Thomas reicht. Tom. Wäre mir eine Ehre ... selbst früher lange Klassensprecher gewesen ... dann Schulsprecher zusammen mit Grönemeyer ... Kriegs- und Kriseneinsätze als Reporter ... trotzdem immer für Pauline da ... geht mir natürlich um alle Kinder ... Gemeinschaft ... Nächstenliebe ... Werte ... Danke. Und Bio-Essen!

Ich schaffte es bis in die Stichwahl. Eine Gegenkandidatin blieb. Die kleine Hagere vorne rechts. Wirklich unsympathisch. Ehrgeizig, verbissen, ganz offensichtlich selbstverliebt. Geheime Abstimmung, Gott sei Dank, so konnte ich mich vorsichtshalber selbst wählen. Und wie es der Zufall wollte, mit einer Stimme

Vorsprung wurde ich Elternsprecher der 1c, Schumann-Schule, Wiesbaden. Die beste Grundschule der Stadt, die vielversprechendste erste Klasse, der Sprecher aller Eltern! Thomas Kausch. Thomas. Tom.

Ergriffen von mir selbst, machte ich einen schweren Fehler. Großzügig und gönnerhaft bot ich der geschlagenen Hageren eine Partnerschaft an. Ich baute darauf, dass sie nie vergaß, von wessen Gnaden sie wirken durfte. Doch sie war überhaupt nicht ergriffen, sie spürte den Moment überhaupt nicht. Ich hatte sie unterschätzt. Nach einer Woche herrschte Krieg.

»Ich habe mir überlegt, dass es gut wäre, immer ausreichend Trinkwasser in der Klasse zu haben. Dann müssen die Kleinen das nicht auch noch in ihren Ranzen schleppen. Und keiner kann sein Wasser vergessen.«

Das war mein erster brillanter Vorschlag. Verantwortung zum Wohle aller, Wahlversprechen eingelöst.

»Wir nehmen am besten medium, das mögen die meisten, in Halbliterplastikflaschen. Damit es keine Scherben gibt und wir nicht zusätzlich Gläser oder Becher brauchen. Wir lassen uns jede Woche zwei Kisten vom Lieferservice bringen.«

Was für ein umsichtiger Vater!

»Stilles Wasser ist gesünder. In Plastikflaschen sind Weichmacher drin. Halbliterflaschen sind Umweltverschmutzung. Ich schlage vor, wir nehmen große Glasflaschen mit stillem Wasser, und jedes Kind hat einen eigenen Plastikbecher. Frau Chantali kann das Wasser einschenken, dann gibt es keine Scherben. Und einen

Lieferservice brauchen wir auch nicht. Wie dekadent ist das denn? Für Erstklässler. Das können ja wohl die Eltern reihum übernehmen.«

»Aber dann stehen überall die Becher rum, kein Kind spült die doch nach dem Unterricht, und wenn einer umkippt, sind die Bücher nass. Und was heißt hier dekadent?!«

Ich war irritiert. Es war doch ein guter Plan gewesen.

»Ich hab bereits mit den anderen Müttern darüber gesprochen. Alle sind meiner Meinung.« Die Hagere hatte mich hintergangen.

Natürlich klappte es nicht mit dem Wasserholen reihum. Am Ende schleppte ich die doppelt so schweren Glasflaschenkisten allein jede Woche in die Klasse. Die Becher standen natürlich ungespült herum, und nach kurzer Zeit konnte man die Namen darauf nicht mehr lesen. Aber medium hatte ich durchgesetzt. Wow. Das machte man also als Elternsprecher?

Und sich um Läuse kümmern natürlich. Ja, auch hier. Der erste Rundbrief der Schulleitung an die Elternsprecher trug den Titel:

Wiederholter und massiver Läusebefall in den Klassen und in der Mittagsbetreuung

Es hörte einfach nicht auf. Zwei Wochen später, Schreiben der Klassenlehrerin:

Sehr geehrte Eltern,

da in unserer Klasse erneut Läuse/Nissen aufgetaucht sind, bitte ich Sie alle dringend, mit Ihren Kindern zum Arzt zu gehen und eine Bescheinigung darüber zu bringen, dass Ihr Kind läuse-/nissenfrei ist. Ich gebe allen Kindern auch das Turnzeug mit nach Hause, damit es gewaschen werden kann.

Mit freundlichen Grüßen

Chantali

Im Turnbeutel steckte die verdammte Laus, natürlich! Jetzt würden wir sie kriegen! Aber Pauline hatte die Nase voll. Sie füllte den »Läusealarm«-Zettel inzwischen einfach selbst aus:

Ich habe mein Kind eingehend untersucht und keinen Läusebefall festgestellt.

Unterschrift: *Kausch*

Damit griff sie dem schönsten Tag im Leben eines Schülers etwas vor: wenn er sich selbst die Entschuldigungen schreiben und unterschreiben kann, mit 18.

Mein erster Elternbrief begann natürlich nicht mit diesem profanen Thema. Mein erster Elternbrief!

Liebe Eltern,

wie Sie vielleicht gesehen haben, müssen unsere Kinder nicht mehr verdursten. Erste Verbrauchswerte führen zu dieser Kostenschätzung: 1 Euro pro Kind und Monat. Aufs ganze Schuljahr gerechnet also 10 Euro. 10 Euro für Wasser im ganzen Schuljahr. Sie können diesen Betrag bitte gelegentlich in die Kasse einzahlen.

In der vergangenen Woche fand eine Elternbeiratssitzung statt. Gesprächsthema war auch die Verkehrssituation rund um die Schule. Die angenehmsten Halteplätze zum Absetzen und Abholen der Kinder liegen im Halteverbot. Das Halteverbot gilt deshalb, weil den Schülern sonst beim Überqueren der Straße die Sicht versperrt ist. Wir Eltern gefährden also die Sicherheit unserer eigenen Kinder, wenn wir es nicht beachten. Mehr Argumente braucht man eigentlich nicht.

Und noch ein Hinweis: Schauen Sie bitte regelmäßig in die Mitteilungsmappen Ihrer Kinder. Es könnte, ganz im Sinne dieser Mappe, eine Mitteilung darin sein.

Beste Grüße

Thomas Kausch

Da war doch mal der Ton gesetzt. Ein Elternsprecher, der nicht lange fackelt und um den Brei herumredet. Etwas schnippisch vielleicht, okay, fast ein bisschen feindselig, mit etwas Abstand betrachtet, aber erkennbar gut gemeint im Sinne der Sache. Für die Kinder.

Im Grunde richtete sich die leichte Ruppigkeit ja auch vor allem gegen meine »Partnerin«. Spalterin wäre das bessere Wort. Sie manipulierte die anderen immer stärker. Es kam zum regelrechten Klassenkampf – die verbitterten hageren Killerinnen auf der einen Seite und die glücklichen, attraktiven Mütter, die sich auf der anderen Seite um mich herum scharten.

Rosenmontag, wieder so ein Fall. Ich wollte die Klasse mit Luftschlangen schmücken. Die Spalterin machte wieder Geschrei: Kommerz, Verdummung, schon gar keine Kreppel, Berliner, Pfannkuchen, wie sie auch heißen, Zucker, Fett, und erst die Glasur! Wieder vergiftete sie die Stimmung, wieder setzte sie alle derart unter Druck, dass ich am Ende allein dastand. Aber ich hatte gelernt. Sie säte Hass, ich antwortete mit Liebe.

Am Sonntagnachmittag legte ich so viele Luftschlangen in der Klasse aus, wie die Kinder und die Eltern es noch nie gesehen hatten. Sie badeten in Luftschlangen, und an der Decke hatte ich ein Zelt aus Luftschlangen gebaut. Die Fenster waren zu mit Luftschlangen. Es war das schönste Luftschlangenparadies, das es je gegeben hat. Die Kinder liebten mich, die Lehrer freuten sich mit ihnen, die fröhlichen, attraktiven Mütter tanzten um mich herum und wollten alle einen Mann wie mich – und im Gesicht der Hageren wurden die Furchen immer tiefer. Man hätte glatt Luftschlangen hineinblasen können, so tief! Es war mein schönster, größter Sieg in zwei Jahren als Elternsprecher. Der große Luftschlangensieg. Geschichte geschrieben. Es war aber auch mein einziger.

Wie ich das alles geschafft hatte, war schon bemerkenswert. Die Belastung durch das Schulengagement, der ganze Psychokrieg, dann noch um Mitternacht die Nachrichten im ZDF vorlesen, ich war inzwischen *heute nacht*-Moderator, und trotzdem am nächsten Morgen wieder um sieben Uhr mit dem Frühstück an Paulines Bett stehen. Leise natürlich, damit Kiki weiterschlafen konnte. Erholung fand ich in diesen anstrengenden Monaten der Dreifachbelastung durch Familie, Beruf und soziales Engagement im Opelbad, hoch in den Weinbergen über Wiesbaden. Ja, ich dachte auch mal an mich. Aber vor allem tat ich es, um neue Kraft für die Familie zu sammeln.

Nachdem ich das Kind zur Schule gebracht hatte, schwamm ich schnell ein paar Kilometer. Wieder zu Hause um elf, noch ein schönes Frühstück für Kiki gemacht, sie war ja noch ganz erschöpft vom Schlaf, und dann schon wieder ab in den Sender, Nachrichten aus der ganzen Welt sortieren. Am Wochenende dann in den Zoo, drei Stunden Qualitätszeit gegen die ganze Routine. Heute weiß ich gar nicht mehr, wie ich das alles geschafft habe. Und irgendwann konnte ich dann auch nicht mehr und nahm erschöpft das Angebot an, in Berlin die Sat.1-Nachrichten zu machen. Um 18.30 Uhr!

Was für eine zivile, familienfreundliche Zeit! Endlich konnte ich mich mehr um Pauline und die Schule kümmern.

Zweite Grundschule – Blondinen und Bodyguards

Berlin. Über 300 000 Schüler. Fast 800 Schulen. Welche ist die beste?! Warum gibt es keine Stiftung Schultest? Eierkocher werden getestet, aber keine Schulen. Oder einen SchulAdvisor wie TripAdvisor. Mit authentischen Erfahrungsberichten über Schulen statt Hotels. Stattdessen muss man sich aufs Hörensagen verlassen.

»Schickt sie doch in die Grunewald-Grundschule!«

Hörte ich eine bekannte Verlegerwitwe auf einer Party zu mir sagen. Auf ihren Ratschlag konnte man sich ja wohl verlassen. Und es machte ja auch Sinn. Der Grunewald, die schönen Villen, das alte, reiche Westberlin, was sollte hier schon schiefgehen? Harald Juhnke wohnte zwar gleich um die Ecke, aber der schlief morgens ja noch.

War das die richtige Gegend für uns? Natürlich. Man muss antizyklisch denken. Alle ziehen in den Prenzlauer Berg, wir ziehen in den Grunewald. Im Prenzlberg fahren sie sich mit den ganzen Kinderwagen gegenseitig über den Haufen, im Grunewald tritt man höchstens mal in einen von den vielen kleinen Hunden. Dass es Pekinesen noch gibt! Sogar mehr als Kinder.

»Schau mal, ein Kind!«, riefen wir am Anfang immer, »lass es uns verfolgen und sehen, wo es wohnt!«

Meist hinter hohen Zäunen, und wenn einmal das Tor aufging, fuhr nur ein fetter, schwarzer SUV heraus. Mit einer dünnen Frau am Steuer und einem kleinen Kind im Fond. Das wurde dann zur Schule gebracht, wo es jeden Morgen einen dicken SUV-Stau gab. Die dünnen Mütter stiegen nicht aus, sie waren schon im Pilates-Outfit. Die Kinder holten sich ihren Ranzen selbst aus dem Kofferraum, winkten traurig der verdunkelten Glasscheibe zu, hinter der die dünne Mutter schon längst am Handy war. Dann surrte die Scheibe doch noch herunter, der Junge schaute erwartungsvoll …

»Ich bin heute Nachmittag nicht da, Kaspar, die Swetlana kümmert sich um dich.«

… und dann gab sie Gas.

Ich suchte also eine Wohnung in der Nähe der Schule und fand tatsächlich eine neben dem Pfarrgemeindehaus. Bingo. Es lief wie geschmiert. Dank guter Vorbereitung, klar, ich hatte wirklich was geleistet.

»Du hast wirklich was geleistet!«

Sagte ich mir.

Dann waren die Ferien endlich vorbei, und es kam der große Tag. Es war ja wie eine zweite Einschulung, diesmal in die dritte Klasse. Wir hatten noch einmal eine Schultüte gebastelt, wir hatten uns extra schick gemacht.

Andere Mütter hatten sich allerdings auch Mühe gegeben. Mit den Haaren zum Beispiel – die waren alle sehr blond. Und auch mit den Lippen. Die waren sehr rot. Und mit den Röcken. Die waren sehr kurz. Eigentlich sahen sie gar nicht wie Mütter aus, eher wie – das Gegenteil?

Und auch die Väter waren ungewöhnlich – dass sie zum Beispiel in der Schule rauchten, im Flur gleich vor dem Klassenraum? Dass fast alle glattrasierte Schädel hatten? Dass sie Lederjacken trugen, die an den Oberarmen spannten? Ich fragte mich, ob das nicht merkwürdig war. Eigentlich sahen sie gar nicht wie Väter aus, eher wie – Bodyguards? Man konnte sie nicht verstehen. Sie sprachen alle – Russisch? Es waren insgesamt sehr viele Blondinen in weißen Overknee-Stiefeln da, mit Kindern in kleinen blauen Armani-Anzügen und Bodyguards in Lederjacken, die spannten. Aber manchmal täuscht ja der erste Eindruck auch und man steigert sich da in was rein.

Mir gingen allerdings sofort viele Fragen durch den Kopf. Die Kindergeburtstage zum Beispiel, was würde man da schenken? Waffen? Und was, wenn es nicht das Richtige war? Was würde dann mit uns passieren? Und was, wenn Pauline Geburtstag hatte? Kämen die dann alle zu uns? Kennen alle unsere Adresse? Und wenn ich bei meinem Fernsehjob mal Putin kritisieren müsste, kämen die dann vielleicht nicht mehr? Oder gerade extra? Würde das unser neuer Bekanntenkreis werden? Und wie sollte ich hier Elternsprecher werden? Ich sprach ja gar kein Russisch.

Ich schaute wie paralysiert in die Klasse. Pauline saß an einem Einzeltisch. Das war traurig, aber auch sicher. Die neue Klassenlehrerin hatte ein gelbes T-Shirt an und riesige Schweißflecken unter den Armen. Auch sie hatte vermutlich Angst. Was, wenn die Bodyguards die künftigen Noten nicht schätzen würden?

Die Tür ging zu. Das war also der erste Schultag in unserem neuen Leben? Kiki und ich schauten uns in die Augen, benetzt von einem Tränenfilm, und beschlossen, es würde zugleich der letzte an dieser Schule sein. Sicher war das ein Einzelfall, sicher war die Grunewald-Schule die beste Grundschule der Welt, und wir waren einfach schwierig. Auf jeden Fall galt für uns an diesem Tag: Vergiss die gründliche Vorbereitung, wir nehmen jetzt, was wir kriegen können.

Dritte Grundschule – Hochmut kommt vor dem Fall

Die Grundschule der Königin-Luise-Stiftung war dann zwar nicht mehr um die Ecke, unsere neue Wohnung lag völlig falsch, man hatte auch mal was von Drogen gehört, aber das war Hörensagen, wer gibt da schon was drauf. Es war schon 10 Uhr, nur noch zwei Stunden, bis wir Pauline aus der Grunewald-Schule abholen mussten, Zeit für schnelle Entscheidungen. Der Direktor empfing mich unmittelbar, wirklich ein richtiger Klasse-Typ, sympathisch, empathisch, sportlich, gebildet.

»Bodyguards? Nein, warum?«

»Wo sollen wir unterschreiben?«

Noch am selben Vormittag hatten wir eine neue Schule gefunden. Bingo. Einfach mal seinen Instinkten folgen. Und natürlich haben wir nichts gegen Bodyguards, um das hier klar und deutlich zu sagen. Wir waren einfach nur überfordert von der ganzen Situation. Ganz klar unser Fehler.

Punkt 12 Uhr holten wir Pauline aus der »alten« Schule ab und fuhren zum Krisengespräch ins Reinhard's. Mit Schnitzel auf dem Teller ließ sie sich erfahrungsgemäß leichter überzeugen. Immerhin, nach drei Kindergärten sollte sie nun auch auf die dritte Grundschule. Kinder mögen so was nicht. Den Umzug nach Berlin hatten wir ihr überhaupt erst mit dem Versprechen abgerungen, einen Hund anzuschaffen. Bei einem Spaziergang mit Pauline kam Kiki dann allerdings an einer Zoohandlung vorbei und zauberte, Gott sei Dank, einen Hasen aus dem Hut.

»Pauline, mit dem Hund, das kann sich noch hinziehen, weißt du, vielleicht stellt sich der Vermieter auch quer. Wie wäre es, wenn wir stattdessen jetzt auf der Stelle hier einen Hasen kaufen?«

Ganz klein war er, ein Widderkaninchen mit Schlappohren, unmöglich, das abzulehnen. Genial. Keine Abendrunden durch den Regen. Keine Kämpfe mit anderen Hundebesitzern. Keine Haufen in Tüten packen. Möhrchen dagegen war unkompliziert, intelligent und sportlich. Pauline las ihm aus *Fünf Freunde*-Büchern vor, und er konnte aus dem Stand einen Meter hoch springen. Zweifellos ein Zirkushase. Eine goldrichtige Entscheidung.

Erst neulich erzählte mir ein Arbeitskollege, wie traurig Hundegeschichten enden können. Seine Mutter war mit einer Freundin in Hamburg in einem noblen Kaufhaus unterwegs. Während des Shoppings verstarb leider der mittelgroße Hund der Freundin. Ein Schicksalsschlag natürlich, der zu allem Übel auch noch die banale Frage aufwarf: Wohin jetzt mit dem toten

Hund? Eine Pappschachtel wäre kaum angemessen gewesen, eine Tasche aus der Sportabteilung fühlte sich auch nicht richtig an.

Dann fiel der Blick auf die Reisetasche hinten rechts am Stand von Hermes. So viel sollte der Hund doch wohl wert sein nach all den schönen Jahren. Und die Tasche war wirklich schick, vielleicht könnte man sie ja auch später noch – es war jedenfalls die richtige. Tief betrübt und noch immer unter Schock verließen die Freundinnen mit der neuen Hermes-Tasche und den sterblichen Überresten darin das Kaufhaus am Hamburger Jungfernstieg. Aber kaum waren sie aus der Tür, wurden sie heftig angerempelt und, zack, da war die Tasche weg. Gestohlen mitsamt dem toten Hund.

Was für eine Tragödie. So etwas will man nicht durchmachen.

Unser Möhrchen hatte ein sehr schönes Leben und schlief am Ende friedlich ein …

Aber jetzt ging es um Leben und nicht um Tod. Das Leben in der neuen Schule. Schnitzel also, um es leichter zu machen.

»Stell dir vor, Paulinchen, wir haben eine neue Schule für dich gefunden! Ist das nicht toll, was sagst du jetzt?!«

»Hä?«, sagte Pauline. Sie verstand gar nichts mehr. Naja, sie würde sich schnell umgewöhnen, allein der Name der neuen Schule, Königin Luise!

»Thomas Kausch, Sprecher der Eltern der 3b der Grundschule der Königin-Luise-Stiftung, Berlin.«

Das hatte einen Klang. Und würde auch auf einer Visitenkarte gut aussehen. Ich war begeistert von den Perspektiven. Aber meine Frau wollte nicht, dass ich wieder so viel Verantwortung übernahm. Ich würde mich zu sehr engagieren. Engagieren im Sinne von: alle nerven.

Aber das kann man natürlich leicht sagen, wenn man keinen Sinn für Elternabende hat, für den Austausch von großen Sorgen und Problemen auf kleinen Stühlen bei Neonlicht.

So ein Elternabend ist ja im Grunde um 19 Uhr vorbei, wenn er um 18.30 Uhr beginnt. Dann noch mal eine halbe Stunde extra fürs Nörgeln über den Stundenausfall, die Jugendherberge für die Klassenfahrt, die generellen Fehler der Schulträgerschaft, und um 19.30 Uhr könnten wirklich alle nach Hause gehen. Die ersten Väter klappen den leeren Notizblock auch schon zu – da möchte Frau Schwielow mal ganz grundsätzlich fragen, ob die engen Kästchen in den Matheheften nicht die Kreativität der Kinder viel zu sehr einschränken und ob man nicht stattdessen ohne … und schwupps ist es halb zehn.

Nur einmal in der ganzen Zeit musste Kiki für mich einspringen. Und versagte. Es ging um die Einzelheiten für die erste Klassenfahrt. Nach Brandenburg, also wirklich nicht weit. Aber gefährlich natürlich, Brandenburg. Und als Pauline und ich am nächsten Morgen ins Notizheft schauten, stand da – nichts! Wie bei den Vätern. Kein Wunder, dass es schiefging. Statt mit Läusen kam das Kind mit einer Zecke zurück und Borreliose.

Damit war klar: Wenn ich auch kein Amt mehr anstreben durfte und mich aus Paulines unmittelbarem Schulalltag heraushalten sollte, so würde ich doch im Hintergrund wirken müssen. Ein bisschen Hilfestellung in Englisch zum Beispiel, obwohl ich als Anglist von Haus aus natürlich unterfordert war mit Bildbeschreibungen von Feuerwehrstationen und Flughäfen. Man könnte den Kindern in diesem Alter sicher schon etwas mehr zumuten. Warum nicht so:

This is the airport. There are many shops at the airport. Tina is in the airport-bookstore. Oh, look, there is a book by Shakespeare! A Midsummer Night's Dream! Do you remember what Theseus told Hermia?

»Be advised, fair maid: To you your father should be as a god; One that composed your beauties – yea« …

Den Vater vergöttern, ganz genau, weil er der Tochter ja die Schönheit schenkte – da hätten die Kinder doch gleich was nebenbei gelernt. *And this is a plane …*

Natürlich würden solche kleinen intellektuellen Ideenspritzer in den Hausaufgaben ein bisschen auffallen. Aber das sollten sie ja auch. Vielleicht konnte der eine oder andere Lehrer ja so auch noch was lernen. Warum eigentlich nicht? Weil Hochmut vor dem Fall kommt, ich weiß. Ich fiel direkt vor die Füße von Herrn Putz, dem strengen Mathelehrer. Wir waren wieder einmal zu spät in der Schule.

Es war – wie gesagt – eine ziemliche Doppelbelastung, mein fordernder Beruf und morgens noch das Frühstück für Pauline machen. Am liebsten Cornflakes mit Soja-Vanille-Milch, leicht angewärmt, aber nicht zu sehr. Eine Banane hineingeschnibbelt, fast noch grün, nicht so glitschig, einen trinkwarmen Pfefferminztee dazu, und alles schnell ans Bettchen gebracht. Was sollte das Kind denn extra den ganzen Weg aus dem ersten Stock runter in die Küche kommen, wenn ich auch schnell hochlaufen konnte. Der Schultag würde ja noch hart genug werden. Dann noch schnell das Pausenbrot geschmiert, ein Apfel in kleine Schnitze geschnitten, und ab damit ins Tupperdöschen. (Wo sie jeden Abend, wenn ich den Abwasch machte, noch genauso drinlagen. Nur in Braun.) Wasser musste ich auch noch einpacken, kümmerte sich ja kein Elternsprecher um die Getränke. In der Zeit war Pauline mit dem Frühstück dann auch schon fertig. Schnell das Tablett aus ihrem Zimmer geholt, schnell das Geschirr in die Spülmaschine, damit es nicht rumstand, wenn Kiki aufwachte, rasch noch die Zähne geputzt und was Schönes angezogen – und schon waren wir wieder zu spät.

Parken natürlich wieder nicht möglich, alles voller SUVs, so mussten wir dann richtig rennen, durch den Schulflur zum Klassenraum. Und dann ließ da plötzlich so ein mieser kleiner Sextaner seinen hässlich bunten Ranzen fallen, als ich schon fast an ihm vorbei war, vielleicht habe ich ihn auch angerempelt, jedenfalls verfing sich mein Fuß in diesem blöden Ranzenriemen, ich schlug hin, der Länge nach, und rutschte auf dem Bauch über den glatten Boden bis direkt vor die Füße von Herrn Putz, dem strengen Mathelehrer. Wildlederschuhe, abgetragen, typisch Lehrer, dachte ich noch.

»Guten Morgen, Herr Kausch. Mal wieder in Eile?«

»Guten Morgen, Herr Putz. Sehr schöne Schuhe.«

Ich glaube, seitdem behandelte er mich ein bisschen von oben herab, und Pauline wurde ganz klar benachteiligt. Anders waren ihre desaströsen Matheleistungen nicht zu erklären. Von mir hatte sie das jedenfalls nicht. Auch wenn Kiki das immer behauptete. Eines Freitagabends beim späten Heimkommen von der Arbeit fand ich diesen Zettel vor der Tür zu Paulines Zimmer:

Hallo Papi!

Bitte verschiebe das Sauersein und Schimpfen auf Sonntagabend! Damit wir trotz der 4 in Mathe ein schönes Wochenende haben. Die Klassenarbeit liegt auf deinem Bett, falls du sie lesen möchtest. An meiner Tür hängt mein Vertrag. Ich werde mich an ihn halten. Wenn ich das nicht tue, bin ich bereit, Konsikwensen zu tragen (Verbote usw.). Bitte sprich bis Sonntagabend nicht über die Klassenarbeit. Ich werde jeden Tag eine Stunde Mathe üben. Bitte kreuze Ja oder Nein an.

Deine Pauline

□ *Ja*

□ *Nein*

Es brach mir das Herz. Ja natürlich. Ja, Ja, Ja! Mein armes Mädchen, so gestresst von einer 4 in Mathe in der dritten Klasse. Der miese Putz. Den »Vertrag« akzeptierte ich allerdings, so eine Gelegenheit bekommt man nicht oft.

Vertrag

1. Ich werde jeden Tag eine Stunde Mathe üben, ohne aufgefordert zu werden!
2. Ich werde mich mehr pflegen (Zähne putzen, duschen, Gesicht waschen, Haare waschen usw.)!
3. Ich werde mehr im Haushalt helfen und nicht mehr faul sein!
4. Ich werde mich dieses Schuljahr sehr anstrengen und mehr üben für die Schule!
5. Ich werde nicht mehr so frech und unhöflich sein!
6. Ich werde mein Zimmer ab sofort ordentlich halten und mich um meine Sachen kümmern!

Pauline

Es waren keine schlechten Zeiten. Natürlich stach ich mit meinem außergewöhnlichen Engagement alle anderen Väter aus. So genervt meine Frau davon war, so wohlwollend waren die Blicke anderer Mütter, so aufmunternd ihre Bemerkungen. Ich glaube, viele haben sich morgens extra schick gemacht, weil sie hofften, dass Paulines Vater seine Tochter wieder zur Schule bringt, bevor er dann selbst zur Arbeit fährt, um seinen wirklich harten und verantwortungsvollen Job zu machen. Zwischen zwei wichtigen Terminen ruft er dann schnell zu Hause an, um sicherzustellen, dass seine Frau auch schon wach ist und nicht versäumt, Pauline aus der Schule abzuholen. Und während sie langsam das Mittagessen auftaut, hat er schon wieder einen Wahnsinnskindergeburtstag organisiert. Ja, das dachten die bestimmt, die ganzen schicken Mütter.

Paulines 10. Geburtstag zum Beispiel. Dafür hatte ich mal eben das Olympiastadion klargemacht. Die Rolling Stones, Madonna, Pauline Kausch. Gut, es war nicht das ganze Stadion, es gab so eine Art Kita, wo lieblose Väter bei Hertha-Heimspielen ihre Kinder parken konnten. Die hatte ich gemietet, und da feierten wir also mit zehn Freunden vor dem Spiel gegen Schalke. Es war ein großer Spaß, und was Pauline wirklich nicht ahnte: Gleich würde sie mit der Mannschaft ins Stadion einlaufen! Ganz vorne, das erste Kind an der Hand von – irgendeinem Kroaten oder Serben, weiß ich nicht mehr –, bejubelt jedenfalls von Zehntausenden Fans im Stadion. Meine Tochter. Dein Geschenk. Dein Vater. Danke. Bitte. Hallte es durchs ganze Stadion, glaube ich.

Am Ende kam es zu einem kleinen Missgeschick, eigentlich nicht der Rede wert. Wir fuhren mit drei Taxen, nach Hause, die ganzen Kinder hinten drin, die ganzen Tupperdosen und Geschenke, großes Gewusel beim Aussteigen, ich zahlte schnell die Taxen, und ab mit euch Banausen, noch hoch ein bisschen chillen bei uns. Fünf Minuten später fragte irgendein vorlautes Mädchen:

»Pauline, wo sind denn deine Geschenke?«

»Papi, wo sind denn meine Geschenke?«

»Thomas, wo sind denn Paulines Geschenke?!«

»Die Geschenke sind natürlich – im Taxi …«

Das große Rad, das ich gedreht hatte, mein großes persönliches Geschenk, das man nirgendwo kaufen konnte, alles nichts mehr wert, nur noch Materielles zählte. Tränen, Enttäuschung und stille Vorwürfe von allen Kindern. Und Kiki befeuerte natürlich noch alles:

»Halbe Sachen, wieder mal typisch, ein dementer Vater, das arme Kind.«

Dauerte dann eine Stunde, bis der Taxifahrer zurückkam. Eine ziemlich lange Stunde als Geschenke-Verlierer-Vater.

Eine vernichtende Gegenempörung meinerseits war auch insofern schwierig, als mir schon bei der Ankunft im Stadion eine kleine Ungeschicklichkeit unterlaufen war. Drei Taxis voll mit Kindern – »Kiki, geht ihr schon mal in die Kita, ich zahl schnell und komm nach«, sagte ich noch souverän, als wir ankamen. Und beeilte mich dann natürlich. Der große Organisator. Besser alles im Griff behalten, sonst wird das ja wieder nichts. Nach fünf Minuten fragte irgendein vorlauter Junge:

»Pauline, gibt es auch was zu essen?«

»Papi, gibt es auch was zu essen?«

»Thomas, wo sind denn die Frikadellen? Und die Salate und der Kuchen?«

»Die Frikadellen sind natürlich – im Taxi … und die Salate und der Kuchen …«

Es dauerte dann noch eine Stunde, bis das Taxi zurückkam. Eine ziemlich lange Stunde als Frikadellen-Verlierer-Vater.

Schalke gewann übrigens 2:0 gegen Hertha, völlig unverdient. Kommentar einer der Rotznasen auf der Fahrt nach Hause: »Die Deutschen waren aber nicht so gut heute!« Es war alles vergeblich gewesen.

Einmal stach Paulines Patenonkel Bobby mich aus, als die Nationalmannschaft während des Sommermärchens im Schlosshotel im Grunewald wohnte. Zwei Straßen von uns entfernt. Das war das eigentliche Märchen. Was für ein irrer Zufall. Wir gingen jeden Tag einmal am Hotel vorbei und hielten nach den Spielern Ausschau. Weil Bobby aber selbst früher Fußballer war, Torwart bei Bayern München zusammen mit Jean-Marie Pfaff, sehr lange her, kannte er Bierhoff, Löw und Co. und nach dem 3:0-Sieg über Ecuador nahm er Pauline mit ins Mannschaftshotel. Um ein Uhr nachts erst kamen sie zurück. Pauline war völlig aus dem Häuschen.

»Ich hab mit Podolski geflippert! Und mit Ballack gekickert! Und weißt du was – das war alles umsonst!«

Das war alles umsonst! In der Schule hat ihr natürlich am nächsten Tag niemand geglaubt.

»Ich hab gestern nach dem Spiel mit Podolski geflippert und mit Ballack gekickert!«

»Is klar.«

»Und das war alles umsonst!«

»Umsonst? Echt jetzt?«

Ich konnte die Aufregung gut nachvollziehen. Mir war es ja früher genauso gegangen. Ich war in der glitzernden Welt des Profifußballs großgeworden. Mein Vater leitete in Bochum ein Hi-Fi-Geschäft, in dem die Superstars vom VfL Bochum ihre Stereoanlagen und Fernseher kauften. Ja, Superstars, da gibt es nichts zu lachen, auch in Bochum. Wer hätte Hans Walitza vergessen, den eleganten Mittelstürmer? Fuhr dieses scharfe BMW 7000 Coupé in Mitternachtsblau. Oder »Eia« Krämer, den Bochumer Beckenbauer!? Mit einem Hauch von Schwarzenbeck, wenn es sein musste. Ikonen des deutschen Bundesliga-Fußballs. Und alle kauften bei uns ihre Pioneer-Verstärker mit Kenwood-Tunern und Thorens-Plattenspielern. Dazu natürlich Magnat-Boxen, der allerletzte Schrei, Bässe, die in die Magengrube gingen wie hart geschossene Elfmeter. Und keiner glaubte mir das in meiner Klasse. Nur zwei Streifen am Schuh, aber mit den Bochumer Fußballgöttern Magnat-Boxen testen, schon klar. Wie sollte man das auch glauben können. Trotzdem war ich natürlich allen voraus.

Ich war vermutlich auch das erste Kind in Deutschland, das Kontaktlinsen trug. Harte Kontaktlinsen, wie Sand in den Augen, den man sich ständig herausreiben musste. Und deshalb fielen die Haftschalen, wie meine Mutter sie nannte, ständig heraus. Sie hafteten einfach nicht genug.

Die ganze Klasse kroch dann mit mir über den Fußboden. Sogar meine Lehrerin, und nur durch Frühreife ist erklärbar, dass ich noch heute den sehr kurzen Rock vor Augen habe, den sie dabei trug. Fräulein Glas. Wenn auch nicht die Uschi. Wir sagten noch Fräulein, sie war noch nicht verheiratet. *Fack ju Göhte* gab es auch noch nicht. Unter ihrer Anleitung wurde ich wiederholt Vorlesekönig der Klasse.

Ich darf wohl sagen, ich wäre nicht den Weg gegangen, den ich ging, ich wäre heute nicht Fernseh-Ansager, hätte Fräulein Glas mich nicht damals schon zum Vorlesekönig gemacht. Ich wäre nicht als Ministrant in St. Marien zum jüngsten Fürbittenvorleser Bochums aufgestiegen, dem heimlichen Star jedes 10-Uhr-Gottesdienstes am Sonntag. Ich wäre daher auch nicht im Anschluss an den Segen, den Vater, den Sohn und den Heiligen Geist in die Jugendvorstellung im Apollo gegangen und hätte alle Godzilla-Filme gesehen. Jeden Sonntag um elf. Prägende Erfahrungen.

Wir wohnten direkt neben der Kirche – nur eine Straße lag zwischen dem Kirchrasen, auf dem wir Fußball spielten, und dem Haus, in dem ich wohnte. Sie hatte fünf Spuren.

Ich wurde sowohl von einem Bus als auch von einer Straßenbahn angefahren. Das hat meine Freunde jeweils sehr beeindruckt. Ich wurde sogar im Bochumer Bergmannsheil operiert. Wie die harten Fälle von untertage. Aber weil ich ja immer zur Kirche rüberwollte, hatte ich offenbar einen Schutzengel, der mich alles überleben ließ.

Oder es war einfach meine Konstitution. Viele verwechselten mich später mit Keanu Reeves. Als Reporter in Österreich fuhr mir mal ein ausgewachsener Chrysler Van beim Zurücksetzen auf den Brustkorb. Unser Teamwagen. Ich lag dahinter im Gras. Mit dem rechten Hinterrad stand er auf meinem Brustkorb. Glaubt mir natürlich bis heute keiner, weil nicht eine Rippe gebrochen war. Auto gestemmt, schon klar. Hat nicht auch Hans Walitza seine Stereoanlage bei euch gekauft? Und Podolski hat mit Pauline gekickert, oder? Schon klar.

Dann ging die Grundschulzeit endlich zu Ende. *This is a fire engine. This is a plane.* No! No! No! Shakespeare, Hemingway, Barack Obama – endlich konnte Pauline zeigen, was ich alles konnte. Endlich das Gymnasium. Wäre sie nur nicht so sperrig gewesen.

Erstes Gymnasium – endlich im Kloster

Natürlich konnte es nur das beste Gymnasium Berlins sein. Und welches das ist, spricht sich ja rum. Hörensagen, kennt man doch. Man könnte was ganz Modernes nehmen, der letzte Bildungsschrei. Kosmopolitisch, bilingual, am besten von Eltern selbst gegründet, der Hausmeister spricht nur Japanisch. Coole Schulen sind so entstanden, so richtig metropolitan. Die eine oder andere ging allerdings auch schnell wieder pleite. Tradition ist gar nicht so einfach.

Pauline konnte in der Königin Luise bleiben, das wäre die einfachste Lösung gewesen. Die haben auch ein Gymnasium.

»Wir würden uns sehr freuen, lieber Herr Kausch, wenn Sie uns die Bildung Ihrer Tochter auch weiterhin anvertrauen.«

Herr Ölig, der Direktor. Bat mich ganz feierlich zu sich.

»Wissen Sie, lieber Herr Ölig, das kann ich mir denken. Ich meine, ich weiß Ihr Angebot zu schätzen. Und werde auch nicht vergessen, dass Sie uns damals gerettet haben, als wir von einem Tag auf den anderen eine neue Schule brauchten. Aber Sie haben es ja in den vergangenen zwei Jahren selbst mitbekommen, Pauline ist ein ganz besonderes Mädchen.«

»Ja, das ist sie. Ja, das ist sie. Wie die anderen Mädchen auch. Und wir sind eine besondere Schule. Bis auf Pauline und Hermann wollen alle bei uns bleiben.«

»Ist natürlich die bequemste Lösung, klar. Die nehmen natürlich viele Eltern. Aber darf ich offen sein, lieber Herr Ölig? Für Pauline habe ich doch ganze andere Pläne. Ich denke, Sie kann Größeres leisten. Pauline wird – auf das Graue Kloster gehen!«

Das älteste Gymnasium Berlins. 1574! Killername, zugegeben, Evangelisches Gymnasium zum Grauen Kloster klingt zunächst mal wie eine Strafe.

»Wenn du nicht sofort brav bist, kommst du in das Graue Kloster!«

Dabei ist es heute weder grau noch ein Kloster, sondern eine bürgerliche Schule im besten Sinne. Gut, richtig bunt ist sie jetzt auch nicht, Ausländer nur in diplomatischen Dosen, aber dennoch humanistisch, wie es sich bewährt hat. Latein, Griechisch, auch Hebräisch. Turnvater Jahn ging schon aufs Graue Kloster, Otto von Bismarck, Hermann Prey. Thekla Carola Wied! Aber auch Ulrich Matthes, großer Schauspieler.

»Herr Matthes, woran denken Sie, wenn Sie Ihre Zeit am Grauen Kloster Revue passieren lassen?« Wurde er in der Schulzeitung mal gefragt.

»… dass es schon ulkig ist, wenn das Wort Revue direkt neben den Wörtern Graues Kloster steht …«

Das Graue Kloster also. Leider gibt es heute ja so

viele überambitionierte Eltern, dass die guten Schulen sich zwischen einer Vielzahl von Bewerbern entscheiden können. Und wo Geld als Aufnahmekriterium dummerweise nicht reicht, gibt es Aufnahmegespräche, in denen man Intelligenz zeigen muss.

Es war ein schöner Montag in Berlin, als meine Frau und ich in das Zimmer des Kloster-Direktors Dr. Heiser geführt wurden, während Pauline nebenan ihre intellektuellen Fähigkeiten unter Beweis stellte. Nach unseren Erfahrungen in der Grunewald-Grundschule hatte ich Kiki zu einem kurzen Rock und Overknee-Stiefeln geraten. Für den überraschenden ersten Eindruck. Aber das lehnte sie ab. Ich sah wie immer sehr elegant aus, war aber auch etwas besorgt. Was man denn so macht beruflich, die Frage würde zwangsläufig kommen, und da lag eher das intellektuelle Problem. Ich arbeitete zu der Zeit ja für Sat.1. Für die Nachrichten, klar, nicht für irgendwelche Trash-Shows. Aber wer zu den News ein kleines bisschen zu früh einschaltete, der bekam noch das Ende von *Lenßen & Partner* mit. Was soll man sagen – netter Kerl, der Lenßen, brachte auch gute Quoten im Vorlauf, aber das Trash-Crime-Genre war sicher nicht das von Dr. Heiser.

»Früher lange beim ZDF gearbeitet …«, schob ich also schnell hinterher. »Oft ziemlich gefährliche Einsätze …«

»Ach ja.« Dr. Heiser fragte nicht nach. Kein: Wo denn? Was denn? Interessant!

»Früher selbst auf eine Klosterschule gegangen, auf eine echte sogar, mit richtigen Patres …«

»Was meinen Sie mit ›echte sogar‹?« Dr. Heiser irritiert.

»Na, nicht nur Kloster im Namen, sondern in Wirklichkeit …«

»In Wirklichkeit?«

»Nein, natürlich nicht in Wirklichkeit. In Wahrheit. Also, jedenfalls … übrigens war ich auch Ministrant!«

»Ach ja.«

»Ja, in Bochum, wir wohnten direkt gegenüber der Kirche, ich war immer da, wir haben da auch Fußball gespielt, ich wurde von einem Bus und einer Straßenbahn überfahren!«

Pause.

»Godzilla geschaut nach dem Gottesdienst …«

Pause.

»Bester Freund von Grönemeyer …«

Das Gespräch lief irgendwie nicht rund. Jetzt vielleicht doch Geld ins Spiel bringen?

»Überzeugungen …«, hörte ich meine Frau wie aus weiter Ferne sagen.

»Überzeugungen, genau!« Ich war wieder voll da. »Freiheit, Gemeinschaft, Verantwortung. Ein reflektiertes Wertebewusstsein. Das sind meine Überzeugungen.«

Heiser schaute.

»Und Toleranz!«

Mehr konnte er nicht wollen. So steht es exakt im Kirchengesetz über die Evangelischen Schulen vom 4. November 2005, Paragraph 1. Schnell noch auswendig gelernt. Kann man ein besserer Bewerber sein?

»Wir melden uns.«

»Wir freuen uns.«

Mein Gefühl am Ende doch: im Großen und Ganzen ein überzeugender Auftritt.

Vier Wochen vergingen. Wir melden uns. Ja, aber wann denn? Anruf im Schulsekretariat.

»Ja, schönen guten Tag, hier ist der Thomas Kausch, geht's gut?«

»Ja, ich wollte nur mal hören, wie weit Sie mit dem Vertrag …«

»Kausch. Thomas Kausch. Also, Pauline Kausch. Die süße kleine rötlich Brünette, die im Test so gut …«

»Vor vier Wochen.«

»K. A. U. S. C. H. Kausch. Pauline. Thomas. Tom.«

»Was heißt, Sie können nichts finden? Schauen Sie bitte noch mal nach! Dr. Heiser. Wir waren bei Dr. Heiser. Der Ministrant? Der überfahren wurde? Das bin ich. Grönemeyer!«

»Was heißt, nicht aufgenommen?! Das muss ein Missverständnis sein!«

»Das ist mir doch egal, ob es viele Geschwisterkinder in diesem Jahr gibt? Wieso haben die Vorrang?

»Und ob ich Dr. Heiser schreiben werde! Und zwar gepfeffert, da können Sie sich alle schon mal warm anziehen! Was ist das überhaupt für eine schlampige Sekretariatsführung! Sie hören von uns!«

Ich warf das Telefon in die Ecke. Fassungslos, wütend, wie konnten die es wagen!

»Kiki!!«

Aber von Kiki kam keine Hilfe. Im Gegenteil: Im Ton vergriffen, unsympathisch, so erreicht man gar nichts, wann ich das endlich mal begreife, sind nicht mehr in Wien, ob ich denn nie aus Fehlern lerne …

Eine miese kleine Anspielung auf eine etwas falsch gelaufene Verhandlungsführung vor Jahren auf einem Antikmarkt in Belgien. Kiki kommt aus einer Kaufmannsfamilie, sie hat das Handeln im Blut, aber diesmal sollte ich mal machen. Ein Eichentisch, ein Meter mal zwei Meter, den wollte sie unbedingt haben. Der Tischler selbst war der Verkäufer.

Ich: »Was soll der Tisch denn kosten?«

Er: »Wenn Sie in D-Mark zahlen – 1000.«

Ich: »Ha. 1000 Mark. Das ist ja lächerlich. Für diesen Tisch.«

Er: »Wieso ist das lächerlich?«

Ich: »Weil das ein stinknormaler, durchschnittlicher Tisch ist, noch nicht mal besonders gut gelungen. Ich geb Ihnen 500!«

Er: »Nein.«

Ich: »600, weil ich gut gelaunt bin.«

Er: »Nein.«

Ich: »Na gut, auch wenn er es wirklich nicht wert ist: 750, mein letztes Angebot!«

Er: »Nein. Ich verkaufe Ihnen den Tisch nicht.«

Ich: »Was soll das heißen, Sie verkaufen mir den Tisch nicht? Ich will den Tisch kaufen.«

Er: »Aber er gefällt Ihnen ja nicht. Ich verkaufe nicht an Leute, die meine Arbeit nicht schätzen.«

Ich: »Was heißt, nicht schätzen. Natürlich schätze ich. Nur nicht so hoch.«

Er: »Nein.«

Ich: »850.«

Er: »Nichts.«

Ich: »Dann behalten Sie doch Ihren bescheuerten Tisch!«

Kiki war inzwischen weitergegangen.

»Dem hab ich's gezeigt, Schatz. Was für ein arroganter Typ! Der kann seinen Tisch behalten.«

»Ich möchte den Tisch aber haben.«

»Wir finden einen anderen Tisch.«

»Nein, ich möchte genau den. Der ist perfekt.«

Was soll ich sagen, am Ende musste ich mich bei dem blöden Tischler entschuldigen, damit er mir den Scheißtisch zum vollen Preis verkaufte.

Jetzt also der unbefriedigende Anruf in der Schule. Sekretärinnen anschreien sei der falsche Weg. Gepfefferte Briefe androhen auch. Kiki war sauer. Es gäbe doch Nachrückverfahren, da hätte ich jetzt alles verbaut. Und wenn ich das nicht hinkriegen würde, dann würde sie mit Pauline zurück nach Wiesbaden gehen, wo es gute Schulen gibt. Nur wegen mir seien alle in Berlin, damit ich mich hier verwirklichen könne, aber dafür werde sie nicht auch noch Paulines Zukunft aufs Spiel setzen … und so weiter und so fort … sieh zu, dass du das wieder hinkriegst.

Ja, ja.

Scheiße. Ich griff zum Briefpapier.

Sehr geehrter Herr Dr. Heiser ... war nach unserem angenehmen Gespräch fest davon ausgegangen ... andere wären glücklich über unsere Bewerbung ... werden Berlin andernfalls verlassen ... könnte so viel für die Schule tun ... und die ganze Stadt ... Frau weint nur noch ... Magister Kausch ...

Nein, das war es noch nicht.

Sehr geehrter Herr Dr. Heiser ... möchte mich noch mal ausdrücklich für das angenehme Gespräch vor Wochen ... wie ich aus Ihrem – übrigens hervorragend geführten – Sekretariat erfuhr ... möglicherweise ein Missverständnis ... kann doch passieren ... wäre der Letzte, der das nicht versteht ... würden uns ansonsten wirklich sehr freuen, wenn vielleicht im Nachrückverfahren ... aber nur, wenn wir anderen Kindern den Platz nicht wegnehmen ... gebietet uns unser christliches Menschenbild ... Gemeinschaft, Verantwortung ... mit den herzlichsten Grüßen ... herzlich ... Toleranz! ... auch von Pauline ...

... Ihr Thomas Kausch

Das funktionierte. Einigermaßen.

Sehr geehrter Herr Kausch, haben Ihren Brief erhalten. Melden uns gegebenenfalls.

Ja, bitte. Meldet euch. Gegebenenfalls verlässt meine Familie mich sonst.

Auf jeden Fall brauchte ich einen Plan B. Auch wenn es dazu eines peinlichen Anrufs bedurfte.

Zweites Gymnasium – zurück zu Luise

»Folgendes, lieber Herr Ölig … noch mal nachgedacht … macht ja im Grunde viel mehr Sinn … machen ja nicht umsonst die meisten anderen Eltern auch so … in der Königin Luise kennt man Pauline, sie ist da ja auch sehr beliebt … nur weil der Hermann aufs Graue Kloster will, müssen wir ja nicht … und wenn Sie also so sehr wollen, dass sie bleibt … falls also noch ein Platz frei … wirklich?! … na, das ist ja toll.«

Erstes Gymnasium – doch lieber ins Kloster

Und dann kam doch noch der Brief vom Grauen Kloster.

Sehr geehrter Herr Kausch, durch Absage … im Nachrückverfahren … freuen uns, Pauline im Evangelischen Gymnasium Zum Grauen Kloster …

Das war knapp. Eigentlich klappt bei mir ja immer alles reibungslos, aber das war verdammt knapp. Umso mehr Respekt. Respekt, mein Lieber. Wie du das wieder hingekriegt hast.

»Folgendes, lieber Ölig …«

In der Tat wäre die Königin Luise ja wirklich eine Nummer zu klein gewesen für Pauline. Schöner Name hin oder her. Jetzt war sie auf dem richtigen Gleis, der ICE rollte rasant in eine verheißungsvolle Zukunft. Endlich konnte ich loslassen. Andererseits – irgendwas ist ja immer kaputt an so einem ICE.

Die Promiklasse

Wichtig war ja natürlich noch, dass Pauline in die richtige Klasse kam. Der richtige Lehrer, die richtigen Mitschüler und Miteltern, das sollte man nicht dem Zufall überlassen, da werden Weichen fürs Leben gestellt. Das kennt man ja schon aus der Grundschule. Recherche ergab: Die 5a wurde von Benny Böcker übernommen – guter Typ, was man hörte, Sportlehrer, kam mit dem Campingbus zur Schule. Ungewöhnlich. Die c wurde von Frau Mittar geleitet. Man fand nicht viel über sie heraus.

Die b allerdings sollte von einer sehr beliebten, noch sehr jungen, sehr langhaarigen und sehr blonden Englisch- und Französischlehrerin mit einem sehr schönen Lachen übernommen werden. Almut Maurer. Almut Maurer-Koch, okay, sie war bereits verheiratet. Trotzdem immer fröhlich. Englisch und Französisch, na so was! Immer meine Lieblingsfächer gewesen, das konnte ja wohl schlecht Zufall sein. Die b war lehrerseitig ganz klar Favorit.

Zweite Rechercheaufgabe: Was ließ sich über die möglichen Mitschüler in Erfahrung bringen? Waren sie der richtige Umgang?

Nein! Schon wieder war der Sohn eines Regierungssprechers dabei! Wie verrückt war das denn! Wie im Tulpenkindergarten damals! Der ganze Horrorfilm lief wieder vor meinen Augen ab, *Die Rückkehr der Killerläuse,* sollte es etwa ein Remake geben? Das konnte doch nicht wahr sein! War es auch nicht, Gott sei Dank, es war der Sohn eines anderen Regierungssprechers. Komplett läusefrei. Aber wie viele Söhne von Regierungssprechern man so trifft …

Die Tochter eines Ministers war auch noch im Lostopf und der Sohn einer berühmten TV-Pädagogin. Pauline nicht zu vergessen, die Tochter von Arnold Schwarzenegger. Das konnte ein illustrer Jahrgang werden. Jetzt galt nur noch: abwarten und Daumen drücken, einfach mal geduldig sein. »Misch dich bloß nicht ein«, sagte Kiki, »das geht nur nach hinten los.« Ist doch klar.

Sehr geehrter Herr Dr. Heiser … weit entfernt davon, mich einzumischen … steht mir in keiner Weise zu … keiner dieser Väter … glaube aber, dass es für Pauline am besten … und vor allem die Klasse natürlich … christlich … eine junge Lehrerin wie Frau Maurer-Koch … unterstützenswert … selbst Anglistik studiert … natürlich allein die Entscheidung der Schule … mit herzlichsten Grüßen … herzlich, Ihr … Danke.

Und wieder den richtigen Ton getroffen. Wieder alles richtig gemacht. Es wurde die b, es wurde die Blonde.

Man könnte natürlich mal fragen, wie sie das damals

so empfunden hat, Frau Maurer. Koch. Hab ja immer noch ihre Nummer. War ja nicht irgendein Vater. Fiel ihr ja sofort auf damals. Erinnerte sie wohl an Patrick Dempsey. Sie war ein *Grey's Anatomy*-Fan. SMS:

> Liebe Frau Maurer-Koch, was dachten Sie über die Zusammensetzung der Klasse damals?

> Lieber Herr Kausch, ich hatte damals kein Mitspracherecht bei der Zusammensetzung der Klasse. Deshalb war ich schon überrascht und auch etwas aufgeregt, als ich die Namen einiger prominenter Eltern gelesen habe. Über Sie habe ich mich gefreut, ich kannte Sie ja noch aus meiner Studentenzeit als Moderator der Spätnachrichten im ZDF. Wenn ich um Mitternacht nach Hause kam, liefen Sie im Fernsehen, und ich schlief ein. Als ich den Namen einer sehr bekannten Pädagogin las, die im Fernsehen Kindern und ihren Familien Erziehungstipps gibt, war ich schon etwas nervöser, zumal es ja meine erste Klassenleitung war.

Habe ich Sie gar nicht nervös gemacht?

Nein, Herr Kausch.

Wie auch immer. Man kann gar nicht überschätzen, in die richtige Klasse zu kommen. Vor allem als Eltern. Da verbringt man viele Jahre. Viele Kindergeburtstage. Mit vielen anderen Eltern. Die ihre Kinder abholen und dann noch Prosecco trinken möchten. Das hat sich ja jetzt überall so eingebürgert. Man holt das Kind nicht mehr an der Tür ab oder wartet im SUV mit laufendem Motor. Nein, man kommt noch ganz kurz mit rein. Allein schon, um doch auch mal zu sehen, wie die denn so leben, die Geburtstagskindeltern. Auch wenn es gar nicht Freunde sind, sondern nur die Eltern der Freunde der Kinder, sie stehen in der Küche und möchten noch Prosecco.

Dabei sind manche nicht mal sympathisch. Wie sie mit dem Glas in der Hand aus der Küche gehen und gemütlich durch die Wohnung schlendern. Der Blick fällt hierhin, der Blick fällt dahin, auf die Bücher, auf die Fotos. Auf die Steuerunterlagen. Man kann es wirklich nicht überschätzen, auf die richtige Klasse kommt es an. Die 5b, was für ein Glück.

Gleich am ersten Kennenlerntag für Eltern und Schüler und Lehrer wollte ich mich bei allen beliebt machen. Lockere Atmosphäre, jeder hatte etwas mitgebracht, zu essen und zu trinken, man traf sich auf dem Fußballplatz der Schule. Die meisten Männer trugen Jogginganzüge und Sneakers. Es sollte ja sportlich zugehen. Ich hatte mich deshalb für ein blaues Sportsakko zu einer weißen Chinohose und legeren braunen Wildlederschuhen entschieden.

Ich schaute mir das bunte Treiben zunächst aus der Distanz an. Dann kam der Sportlehrer auf mich zu. Nicht Benny Böcker, der war ja in der a. Nein, Manni Bertel, er war auch der stellvertretende Klassenlehrer der b und er sah verdammt gut aus.

Groß, schlank, durchtrainiert, dichte schwarze Haare, weiße Zähne, strahlendes Lächeln. Er war mir sofort unsympathisch. Alle Frauen liebten ihn natürlich gleich am ersten Tag. Auch meine. Und alle Kinder. In seiner Freizeit spielte er Rugby. Rauh konnte er also auch sein. So was von cool.

»Na, Herr Kausch, keine Sportsachen dabei? Nicht so die Sportskanone, was? Haha.« Lautes Lachen, die weißen Zähne.

»Ich bin sehr wohl …«

»Macht ja nichts, Sie können sich ja um die Getränke kümmern, die Pappbecher stehen da vorn.«

»Ich jogge jeden Tag.«

»Pappteller müssten da auch stehen.«

»Seit Jahren!«

»Wir haben ja so viele Salate. Haben Sie auch einen gemacht? Haha.«

»Ich mache jeden Tag eine Stunde Sport, ich mache keine Salate und ich spiele hier gleich mit Fußball.«

»Na, dann hoffen wir mal, dass Sie sich nicht schmutzig machen. Haha.«

So was in der Art. Die ersten Eltern lachten schon mit. Manni sprach sehr laut. Salate. Haha. Ich wurde leicht sauer. Dann pfiff er, und das Spiel begann. Väter gegen Schüler. Die Mütter feuerten an. Manni war der Schiedsrichter.

Alle rannten wie die Irren, dann kam ein langer Ball nach links, ich war schon fast dran, da wuselte der kleinste Junge der Klasse von hinten dazwischen und lief mit der Kugel Richtung Ecke. Alexander hieß er und sollte ein großes Talent sein. Er stoppte vor der Eckfahne, wollte flanken, da grätschte ich mit Wucht dazwischen, der Ball knallte gegen die Wildlederschuhe und als Pressschlag zurück auf Alex. Der Kleine stieß einen lauten Schrei aus, ging zu Boden und hielt sich das Bein und fing tatsächlich an zu heulen. Ich raunte ihm zu, er solle doch aufstehen, halb so schlimm, ein Indianer kennt keinen Schmerz. Er heulte aber weiter. »Stell dich nicht so an«, zischte ich jetzt, »du simulierst doch …«

»Der simuliert nur, alles in Ordnung!«, rief ich den heranstürzenden Eltern zu. Aber Alex blieb liegen und wand sich weiter, und alle gingen jetzt auf mich los:

»Wie kann man denn so hart da reingehen?«

»Das ist doch nur ein Spiel!«

»Das ist doch noch ein Kind!«

»Ausgerechnet gegen den Kleinsten!«

»Was macht der da überhaupt im Anzug auf dem Platz!«

Es war ja gar kein Anzug. Sportsakko und Chinohose. Es wurde überhaupt nicht differenziert. Stellte sich dann noch heraus, dass der Junge angeblich eine große Nachwuchshoffnung von Hertha BSC war, sollte an dem Wochenende noch an einem Sichtungslehrgang teilnehmen. Alexanders Mutter konnte es nicht fassen: »Der Alexander muss doch ein Turnier spielen. Da kommen die ganzen wichtigen Scouts.«

Stattdessen lag er weinend am Boden, weil ein angeblich überehrgeiziger Vater ihn beim lockeren ersten Kennenlernen für Schüler und Eltern angeblich mies gefoult hatte.

»Ich hab wirklich nur den Ball, überhaupt keinen Kontakt …«

»Was haben Sie sich nur dabei gedacht?!«

»Ich hab nur meinen Fuß dazwischen …«

Als ich zu den Salaten ging, schüttelte Manni immer noch den Kopf. Der Arsch. Und die Wildlederschuhe waren auch versaut. Die Wahl zum Elternsprecher könnte auch eng werden. Wahrscheinlich musste ich wieder in die Stichwahl.

Ein Woche später war es schon so weit. Wenig Zeit, um Gras über die Sache wachsen zu lassen. Ich hielt mich erst mal zurück. Keine weisen Sprüche. Jeder musste sich noch mal offiziell vorstellen. Ich sagte, ich sei einfach ein Vater, der möchte, dass seine Tochter glücklich wird. Und die ganze Klasse auch. Dem es um Aufrichtigkeit und Anstand geht. Anstand ist, sagte ich, wenn man vorm Schwimmen duscht, auch wenn man alleine im Schwimmbad ist. Anstand ist übrigens auch, wenn man nach einem Pressschlag sofort wieder aufsteht! Danke. Und Toleranz und Bio-Essen. Dann wurden die Kandidaten benannt. Ich wurde diesmal nicht vorgeschlagen.

SMS an Almut Maurer-Koch:

> Liebe Frau Maurer-Koch,
> glauben Sie im Nachhinein,
> dass ich ein guter Elternsprecher
> gewesen wäre?

> Ich denke heute, dass Sie ein sehr
> guter Elternsprecher gewesen wären.
> Sie waren immer sehr engagiert, wenn
> es um die Belange der Schüler ging,
> haben einzelnen Kollegen Filme
> besorgt – mir leider nie – und waren
> immer sehr höflich, eloquent und,
> was ich sehr mag, konnten auch
> über sich lachen. Dass Sie dazu noch
> ein sehr attraktiver Mann waren – und
> natürlich sind –, fand ich auch sehr
> angenehm …

Finden Sie, dass ich
überengagiert war, so
wie meine Frau behauptet?

Na ja, alle Kollegen, die
Pauline unterrichtet haben,
kannten Sie … das ist nicht unbedingt
häufig der Fall!

Die Probezeit

Für Pauline und Kiki war es im Grunde gut, dass ich kein Elternsprecher wurde. So konnte ich mich ganz auf sie konzentrieren. Außerdem mussten wir ja auch noch die Probezeit überstehen. Ja, genau, die Probezeit, wie bei einem Job, ein ganzes halbes Jahr sogar. Anruf bei Dr. Heiser:

»… nicht etwas übertrieben? … immerhin noch Kinder … Leistungsdruck …«

»… nicht irgendeine Schule … fordern und fördern …«

»… selbstverständlich … genau meine Meinung … sieht leider nicht jeder so … nochmals vielen Dank, dass es noch geklappt hat …«

Ich konnte mich also wirklich noch nicht heraushalten und die weitere Schulzeit meiner Frau überlassen. Sie vertrat die naive Auffassung, die Kinder würden auch alleine lernen. Hauptsache, man gibt ihnen etwas zu essen. Ich glaube, sie essen von alleine, Hauptsache aber, man lernt mit ihnen. Wir hätten früher ja auch alleine lernen müssen, meinte Kiki. Ja, aber früher hatten auch nicht alle ein Einser-Abi. Da konnte man auch mit 3,0 noch was werden. Zur Not Journalist. Heute bedeutet 3,0 den sicheren Weg in die Gosse. Jugendknast ist da vorgezeichnet. Ohne Bewährung.

»Willst du das, Kiki? Willst du, dass Pauline ins Gefängnis kommt? Und wir als Nachrücker stehen doch unter besonderer Beobachtung! Wir sind die Ersten, die fliegen! Beim Ölig kann ich auch nicht mehr anrufen! Das muss jetzt sitzen!«

Allerdings musste ich zwischendurch auch mal arbeiten und konnte nicht die ganze Zeit beim Lernen zu Hause dabei sein. Also dauerte es natürlich nicht lange, bis der Anruf aus der Schule kam. Herr Sievers, der Lateinlehrer. Ich sollte doch bitte einmal in seine Sprechstunde kommen.

»Mein Ehrenwort, lieber Herr Sievers, ich wiederhole, mein Ehrenwort, dass Pauline sich steigern wird. Ich werde mir Urlaub nehmen und mich persönlich darum kümmern. Meine Frau ist da einfach überfordert. Natürlich liebe ich sie, also Paulines Elternhaus ist absolut intakt, nicht dass da ein falscher Eindruck entsteht. Alles im besten christlichen Sinne. Überfordert ist auch das falsche Wort, es ist mehr Verweigerung, wobei natürlich nicht Verweigerung, natürlich will meine Frau auch nicht, dass Pauline ins Gefängnis kommt … also, ich meine …«

»Herr Kausch, Pauline ist die begabteste Lateinschülerin, die ich je hatte.« Sievers schaute mir gerade in die Augen. Er ist nicht der ironische Typ.

»Natürlich.«

»Wenn Pauline von Ihrer Frau weiterhin so gefördert wird, sehe ich ganz außergewöhnliche Perspektiven für das Kind im Lateinischen.«

»Von meiner Frau. Im Lateinischen.«

»Ja, Sie wissen, dass Latein eines unserer wichtigsten Fächer hier am Grauen Kloster ist. Ich habe noch nie eine Sextanerin gehabt, die so vielversprechende Anlagen mitbringt wie Pauline.«

»In der Tat, in der Tat, das ist mir natürlich auch schon aufgefallen. An den Wochenenden bin ich es ja, der sich vor allem um die Nacharbeitung des Stoffes kümmert. Und die Vorbereitung natürlich. Für die kommende Woche.«

»Bestellen Sie Ihrer Frau schöne Grüße.«

»Gerne, Herr Sievers, gerne.«

Nicht zu fassen. Aber ich musste auch sagen: Respekt! Respekt, mein lieber Thomas, wie du durch den enormen Druck, den du aufgebaut hast, wieder so einen Erfolg hingekriegt hast.

Keiner konnte zu diesem Zeitpunkt ahnen, dass unter späteren Lateinklausuren mal stehen würde: *Das ist erschreckend, Sie übersetzen nicht, Sie raten! 0 Punkte. 6.*

Frau Swarowski war geradezu empört. Sie war die knallharte Nachfolgerin vom netten Herrn Sievers. Dabei etwas – sagen wir – schillernd.

Jedenfalls mein Eindruck, aber sicher bin ich voreingenommen. Haken wir besser bei Frau Thies-Böttcher nach, der leidenschaftlichen Nachfolgerin des doch eher nüchternen Schuldirektors Dr. Heiser. Rote Pumps im grauen Kloster. Lippenstift statt Filzstift. Revolution in jeder Hinsicht. Die erste Frau an der Spitze der Schule – nach knapp 450 Jahren. Für manche Männer im Kollegium kam das natürlich immer noch zu früh. Arme Kerle. Wo doch vorher alles so schön grau war. Außer bei Frau Swarowski natürlich. Sah die neue Chefin auch so:

»Als ich meinen Dienst antrat, habe ich am ersten Tag alle Kollegen individuell begrüßt, und zu einer Kollegin habe ich gesagt: ›Sie kommen wohl gerade von der Theaterprobe?‹ Ich wusste ja nicht, dass sie ihr Make-up immer so trägt! Das wurde zum Running Gag im Lehrerkollegium.«

»Warum gibt es so viele skurrile Lehrer?«

»Lehrer sind nicht skurriler als andere Menschen, sie stehen nur mehr im Rampenlicht, und die schärfsten Kritiker sind die Kinder!«

Tatsächlich hätte Frau Swarowski problemlos bei Kiss mitspielen können. Oder in der *Rocky Horror Picture Show*. Und die Seitenränder der Klassenarbeiten waren auch voller Blut, nachdem sie korrigiert hatte. Rote Tinte, meinetwegen, aber auf jeden Fall erschreckend. HFG – hart an der Fehlergrenze – war noch das Netteste, was da stand. 0 Punkte. 6. Und die Anmerkung: *Ich empfehle Ihnen freiwilliges Üben, Training, und zwar regelmäßig!*

Freiwillig Latein üben – das ist wie Selbstmord begehen aus Angst vorm Tod. Rocky Horror. Das macht doch keiner. Da musste schon etwas nachgeholfen werden, damit schon unter der nächsten Klausur dann tatsächlich stand: *Wohlgelungen! Nur die Angst des Plinius bleibt etwas undeutlich.*

Die Angst der Pauline vor Frau Swarowski, die war

dagegen sehr deutlich zu sehen. Aber manchmal muss man wohl auch erschrecken, um nicht in den Abgrund zu stürzen. 0 Punkte, Gosse, Jugendknast. Besser mal Plinius checken. Am Ende musste Pauline zugeben, dass sie von Frau Swarowski tatsächlich sehr viel gelernt hatte.

Und immerhin, die Dame hatte ja auch was, so als Latein-Punk, die meisten Lehrer kleiden sich furchtbar. Der Erdkundelehrer trägt immer noch die braune Lederweste, mit der er als Student in Griechenland war, der Physiklehrer kommt in kurzen Hosen und Wandersandalen, und die Musiklehrerin trägt den Maxirock auf, mit dem sie damals eigentlich nach Woodstock fahren wollte, aber nur bis ins Wendland kam. Darf man sich da wundern, dass Schüler Lehrer uncool finden? Dass sie sie nicht als Vorbilder sehen? Dass sie selbst niemals Lehrer werden wollen? Kein einziger Schüler aus Paulines Jahrgang hat ein Lehramtsstudium begonnen. Wenn aber gute Schüler keine Lehrer mehr werden, wo sollen dann gute Lehrer herkommen?

Noch eine Nachfrage bei Frau Thies-Böttcher:

»Ist es nicht eine Frage des Respekts, sich auch für Schüler ein bisschen Mühe im Auftritt zu geben?«

»Ja, das könnte man so sehen.«

»Was hielten Sie davon, wenn Lehrer im Anzug erscheinen müssten?«

»Das hielte ich für etwas übertrieben. Wir sind ja keine Anwälte, und es gibt ja auch keine klassisch festgelegte Lehrerberufskleidung!«

»Man könnte mit Hugo Boss Kontakt aufnehmen, die könnten Lehrer sponsern.«

»Das widerspräche der Individualität und der geistigen Unabhängigkeit der Lehrerpersönlichkeiten. Aber manche würden es sicher auch witzig und inspirierend finden. Und es stimmt, die jungen Menschen nehmen schon kritisch wahr, wie sich ihre Lehrer kleiden und geben.«

»Ein klarer Look auch für Lehrerinnen?«

»Das müsste man sich gut überlegen, sie könnten sonst leicht mit Stewardessen verwechselt werden. Es könnte aber auch chic und durchaus weiblich wirken.«

»Wie lange brauchen Sie morgens für Ihre Garderobe?«

»15 Minuten, in der Regel überlege ich mir schon am Abend vorher, was ich anziehe.«

Nur 15 Minuten, nicht schlecht. Mal sehen, wie lange Frau Maurer-Koch braucht:

Wie lange brauchen Sie
im Bad, bevor Sie zur
Schule gehen?

Im Bad mit duschen, Haare waschen etc. ca. 40 Minuten. Allerdings trinke ich gerne noch einen Kaffee und hasse es, morgens zu hetzen. Deshalb stehe ich lieber sehr früh auf.

Machen Sie sich für die Schüler schick oder für die Kollegen?

Für mich selbst in erster Linie. Aber ich freue mich, wenn mich auch die Schüler und Kollegen schick finden!

Denken Sie auch an die Väter, wenn Sie sich schick machen?

Anlässlich eines Elternabends schon. Sonst sehe ich die Väter ja nicht so häufig.

Was fanden Sie eigentlich
an Manni Bertel?

Oh, als ich zum allerersten Mal das Lehrerzimmer betrat, kam mir Manni entgegen, und ich dachte: Ja, hier bleibe ich. Dann hat er mir auch noch gesagt, er sei Sport- und Englischlehrer und neben ihm sei noch ein Platz frei – da habe ich nicht lange gezögert … eigentlich kann nur ein Mann fragen, was ich an ihm fand … fragen Sie mal seine ehemaligen Schülerinnen und auch die Mütter, die in der Schulmensa halfen und verzückt waren, wenn er kam. Alle wollten ihn bedienen!

Kiki fand ihn natürlich in Wirklichkeit überhaupt nicht attraktiv. Sie war ja glücklich verheiratet mit dem beliebtesten Vater der Schule. Ich mag kein Elternsprecher geworden sein, das hat Manni mir versaut mit diesem blöden Fußballspiel, das ja seine Idee war, und dem angeblichen Foul, das er niemals hätte pfeifen müssen. Und schon gar nicht so laut.

Aber ich setzte mich trotzdem für die Klasse und die

ganze Schule ein, wie er es nie hätte tun können. Ich moderierte zum Beispiel die Versteigerung eines Spatens beim Schulfest. Damit war der erste Spatenstich für einen Anbau an das Schulgebäude gemacht worden. Schon mal einen Spaten versteigert? Ha! Ist nicht viel dran an so einem Spaten, gibt nicht viel zu erzählen über so einen Spaten, lässt sich gar nicht so leicht anpreisen. Und doch habe ich 2000 Euro dafür bekommen!

»… und zum Dritten!«

Der Spaten ging an die Fernsehpädagogin, und mit ihm grub sie dann die Bildungslandschaft um. Und jetzt kommst du, Manni! Na? Kommt nichts, was?

Was ich zugeben muss: Auch Kiki hat sich hin und wieder engagiert. In der Schulmensa illegale Bio-Bolognese gekocht, man durfte aus hygienischen Gründen ja weder etwas zu Hause Gekochtes mitbringen noch vor Ort brutzeln. Man sollte lieber das geschmack- und vitaminlose Fertigessen austeilen, das von der Vertragsfirma angeliefert wurde. Das unterwanderten Kiki & Co. Wir Eltern nahmen die Dinge selbst in die Hand. Wir gingen auf Nummer sicher. In jeder Hinsicht.

Das Sicherheitsnetz

Um Pauline in der Millionenstadt Berlin, wo die Kinder früher am Bahnhof Zoo lebten, zu schützen, so gut es geht, hatte ich ein geniales Sicherheitsnetz gespannt. Es hing an vier Pflöcken: der beste Golfclub, der beste Tennisclub, die beste Schule und die beste Kirchengemeinde.

1. Pflock – der Golfclub Wannsee

Dass Pauline Golf spielte, war nicht unsere Idee gewesen. Überhaupt nicht unsere Welt. Der Golfclub Wannsee war bei einem Schnuppertraining in der Schule auf sie aufmerksam geworden.

»Pauline hat eine Golferinnen-Figur, sagt auch die Ärztin«, sagte Kiki. Unsere Wunderärztin. Sportmedizinerin und Chiropraktikerin. Voll homöopathisch natürlich. Verstand was von Figuren und Haltung, muss man sagen. Bzw. von Haltungsschäden. Sie war nämlich Mannschaftsärztin der Berliner Philharmoniker.

»Was ist denn eine Golferinnen-Figur? Bei einem Kind?«, fragte ich.

»Na, sie hat diesen Schwung, das sieht man wohl, die richtige Haltung.«

»Aha.«

»Die Ärztin sagt, wir sollen einfach mal ein Probetraining mit ihr machen. Sie spielt auch in Wannsee. Soll ein schöner Club sein.«

Schon klar, sollte auch schöne Golflehrer haben, was man so hörte. Kein Wunder, dass Kiki gleich bei der ersten Reise ins Sommertrainingslager als Begleitmutter mitfuhr. Und natürlich verliebte sich Dennis sofort in sie, der Trainer mit der tollen Figur und diesem verschmitzten, nur scheinbar schüchternen Lächeln. Obwohl er um einiges jünger war. Kiki erzählte begeistert von ihm. Einen zweiten Manni konnte ich wirklich nicht gebrauchen. Ich musste ihn leider töten. Mit einem Golfschläger lauerte ich ihm … ach, Quatsch, der Dennis lebt. Hatte Kiki sich doch alles nur eingebildet.

Der Golfclub Wannsee ist natürlich nicht nur der beste Golfclub mit den schönsten Golflehrern, er ist auch der älteste Deutschlands. Womöglich auch, was die Mitglieder betrifft. Das ganze Vorwende-Westberlin spielte da. FDP, CDU, sogar ein paar Sozialdemokraten. Möglicherweise auch Menschen, die man möglicherweise schon mal in Zusammenhang mit mutmaßlichen Spenden- oder Bankskandalen wahrgenommen hat. Man muss das vorsichtig formulieren. Alles Juristen.

Außerdem der Bundespräsident, der Bahnchef und sogar der Genosse Wowereit. Hier drehten sie alle ihre Runden.

»Und Sie, Herr Kausch, spielen Sie denn kein Golf?«

Immer wenn Pauline beim Training war, wartete ich stundenlang im Clubhaus-Café. Immer dieselbe Frage.

»Nein, leider, dazu fehlt mir die Zeit.«

Ich wollte nicht sagen, dass mir das Geld dazu fehlte. Pauline war im Jugendförderprogramm, das kostete nur einen kleinen Beitrag. Aber ich hätte natürlich voll zahlen müssen. Allein die Aufnahmegebühr. Was man da so hörte und las. Zum Beispiel in einer großen deutschen Zeitung:

Ermittlungen beim Golfclub Wannsee

Der Golfclub Wannsee ist ein gemeinnütziger Verein, bei dem die Aufnahmegebühr nicht mehr als 1534 Euro betragen darf. Doch eine Mitgliedschaft ist begehrt, so dass von einigen Interessenten bis zu 20 000 Euro gezahlt worden sein sollen, um vom Golfclub Wannsee aufgenommen zu werden – verteilt auf mehrere Beträge und als Spende getarnt, um die Gemeinnützigkeit des Vereins nicht zu gefährden.

Und das beim Golfen, wo man nicht schummeln darf. Wollten wir in so einem Verein unser Kind spielen lassen? Natürlich. Es waren ja die besten Kreise. Und was die Presse so schreibt, kennt man doch.

Außerdem musste ich unserer Ärztin recht geben. Es ist nicht nur Snobismus, schon Kinder auf einen Golfplatz zu schicken. So eine Runde dauert Stunden. Das sind Stunden an der frischen Luft statt am Handy oder Computer. Man spielt letztlich nur gegen sich selbst, ideal für Einzelkinder, die Langeweile ja gewohnt sind. Man entwickelt Selbstdisziplin. Und man lernt, nicht aufzugeben, auch wenn man am ersten Loch gleich so viel verhauen hat, dass es sich eigentlich nicht lohnt, überhaupt weiterzuspielen. Für mich wär das nichts. Man lernt, sich an eiserne Regeln zu halten. Alles ist Ehrensache! Wenn der Ball im tiefen Gras liegt, muss man ihn trotzdem von dort aus spielen. Man legt ihn sich nicht in eine bessere Position. Man verschafft sich keine Vorteile. Man zahlt seine Steuern. Jedenfalls lässt man den Ball da liegen.

Einmal hat Pauline geschummelt, und prompt wurde sie dabei von einer alten Hexe beobachtet und bei der Geschäftsführung angezeigt. Größtmögliche Sünde und keine Vergebung. Eltern zum Rapport, vier Wochen Platzsperre, Strafe muss sein. Hat es dem Kind vielleicht geschadet? Natürlich. Und den Eltern. Pauline hat nie mehr geschummelt, aber sie hatte auch keine Lust mehr, Golfprofi zu werden, und uns entgingen Millionen an Preisgeldern.

Es lag allerdings auch daran, dass wir es schlicht sehr anstrengend fanden, jeden Tag zum Golfplatz zu fahren, Turniere an den Wochenenden, und alles mit dem Ziel, noch mehr Turniere zu spielen, an noch mehr Wochenenden und noch weiter weg, sie war schließlich in einem Förderprogramm. Ich glaube, uns fehlte der nötige Golfeltern-Ehrgeiz. Wir hatten ja nicht mal einen SUV. Der Tennisclub war sehr viel näher.

2. Pflock – der Tennisclub Blau-Weiß

TC Blau-Weiß Berlin im Grunewald, der edelste Club der Stadt natürlich, die Plätze voneinander durch hohe Hecken getrennt, gespielt wird nur in Weiß, alles wie in Wimbledon. Alles wirklich wunderschön. Hier gehörten wir hin.

Allerdings spielte ich genauso wenig Tennis wie Golf und saß wieder stundenlang auf einer Vereinsheimterrasse rum.

»Und Sie, Herr Kausch, Sie spielen kein Tennis? Nicht so der sportliche Typ, was? Haha!« Irgendein Kerl, braun gebrannt, der Rest in Weiß – Polo, Strickpullunder, Zähne. »Runde Golf vielleicht am Sonntag? Hab gehört, Sie sind auch in Wannsee?«

»Nein, ich bin Läufer.«

»Bitte?«

»Ich bin Läufer!«

»Läufer?«

»Ja, Läufer, einfach nur Läufer! Forrest Gump! Schon mal gesehen? Ich laufe manchmal monatelang. Am Stück. Tom Hanks, erkennen Sie mich nicht? Ich bin Tom Hanks, nicht Tom Kausch!« Mir platzte einfach der Kragen, diese Snobs, und wieso hielten mich alle für unsportlich?

»Ist ja schon gut. Kein Grund, sich aufzuregen. Sie sind Tom Hanks, na klar. Hab Sie gleich erkannt. Muss dann mal los. Alles Gute, Tom.«

Vielleicht gehörten wir doch nicht hierher. Selbst der Präsident verließ den Tennisclub. Um Präsident – im Golfclub Wannsee zu werden. Es schien wirklich egal zu sein, auf welcher Terrasse ich rumsaß.

3. Pflock – das Graue Kloster

Gott sei Dank hatten wir das Graue Kloster, an dessen ehernen Prinzipien wir uns festhalten und orientieren konnten. Auszug aus dem Schulprogramm:

> *Wir bekennen uns zu diesem Anspruch: Die Entdeckung der kulturellen Wurzeln in der Antike und ihrer Bedeutung für die Entwicklung politischer Systeme, philosophischer und theologischer Grundpositionen, naturwissenschaftlicher Forschung und künstlerischer Ausdrucksformen ist unverzichtbar für das Verständnis unserer Kultur, in der junge Menschen ihren Platz finden sollen.*

Ja, dazu bekennen wir uns! Zunächst vor allem Kiki und ich. Pauline verstand nicht auf Anhieb, dass wir sie nicht auf eine internationale Schule geschickt hatten. Dann hätte sie sofort fließend Englisch gesprochen und noch Spanisch dazugenommen. Wo wir doch eh immer nach Mallorca fuhren. Was soll man mit diesen toten Sprachen?

Beantwortet alles das Schulprogramm:

In der kritischen Auseinandersetzung mit Geschichte und Traditionen des alten Europa liegt die Chance zur Identitätsfindung in einer globalisierten und sich zunehmend angleichenden Welt. Insofern kann die Beschäftigung mit den antiken Sprachen und der durch sie erschließbaren Geschichte und Kultur einen Nutzen bringen, der zwar oft nicht berechenbar zu verwerten, aber doch im wahren Sinne unermesslich ist. Ziel der schulischen Arbeit mit der Verpflichtung auf das humanistische und christliche Profil ist der umfassend gebildete Mensch, der in kritischer Haltung gegenüber Traditionen und Ideologien Wurzeln findet, die ihn zu sinnvollen Schritten in einem demokratischen Gemeinwesen motivieren.

Voilà. Oder besser: Sic! Sinnvolle Schritte. Da fällt mir ein, wie ein paar Jungs aus der guten Schule über den Ku'damm liefen, und weil da ein Auto im Weg stand, auch über das Auto liefen, wenig sinnvolle Schritte, und obwohl sie umfassend gebildet waren, taten sie all dies direkt vor den Augen eines Ordnungsamt-Mitarbeiters, der sie stante pede zur Polizeistation brachte, Abschnitt 25. Dort wiederum, in konsequentem Elitedenken, wies einer der Ertappten eindringlich auf seine vornehme Herkunft hin, er sei ein »Dahlemer Junge«, und wunderte sich aufrichtig, dass das nicht gut ankam im Abschnitt 25.

Natürlich war Pauline nicht dabei. Das lag allerdings auch daran, dass sie an dem Abend zufällig den nun auch schon bald erwachsenen Sohn eines Regierungssprechers wiedertraf, mit dem sie zwölf Jahre zuvor im Kindergarten die Läuse geteilt hatte. Vielleicht aus spätem schlechtem Gewissen oder der guten Erziehung wegen brachte er Pauline nach Hause, so wie sich's gehört. Und so verpassten die beiden den Ku'damm-Spaziergang, der so dramatisch endete.

Mir fällt auch ein, wie zwei Jungs aus der »Kloster-Gang« in kritischer Haltung gegenüber Tradition alkoholisiert in der U-Bahn fuhren und sich dabei mit dem Handy filmten. Und wie wir in humanistischer und christlicher Absicht ihre uns freundschaftlich verbundenen Eltern diskret darauf aufmerksam machten, weil so was in Berlin auch schnell mal richtig schiefgehen kann und es dann keine zweite Chance zur Identitätsfindung mehr gibt. Wie unser Hinweis aber nicht berechenbar verwertet, sondern von der Mutter mit dem Hinweis »Eure Pauline ist ja, was Biertrinken angeht, auch ganz weit vorne« beantwortet wurde.

Merke: Misch dich nie in die Ideologie anderer Eltern ein. Schon gar nicht kritisch. Du stolperst nur über Wurzeln.

Das Bier trank Pauline ausgerechnet auf der Party zum 14. Geburtstag des Sohns der Fernsehpädagogin.

Das war natürlich doppelt beunruhigend, hatte aber auch eine schöne Ironie. Und man muss ja auch nicht immer gleich die große Alarmhupe rausholen. Der Junge war ansonsten ein wirklich lieber Kerl, der auch wunderbar Klavier spielen konnte. Wenn er bei uns zu Besuch war und man sagte: »Spiel doch mal Schubert«, dann setzte er sich ans Klavier und spielte so lange Schubert, bis man sagte: »Hör doch mal auf, Schubert zu spielen.«

4. Pflock – die Grunewald-Gemeinde

Über die Kirchengemeinde gibt es wirklich nichts Schlechtes zu sagen. Im Gegenteil: Sie ist das einzig Lebendige im ganzen Grunewald-Viertel. Wir wohnten – wie gesagt – direkt neben dem Gemeindehaus. Der Plan war: Hier wird Pauline konfirmiert, dann engagiert sie sich in der Gemeindejugend und wir können direkt von unserer Terrasse aus dabei zuschauen, wenn die jungen Leute mal grillen oder tanzen. Oder auch mal ein Radler trinken.

Ja, Pauline wurde konfirmiert, ja, sie hat sich engagiert, hat Jugendgruppen betreut, hat sich um alte Menschen gekümmert, aber nein, Radler wurde nicht getrunken. Ein Brief des Pfarrers:

Liebe Eltern,

die Konfirmandenfahrt liegt hinter uns. Es war, so empfinde ich es, eine Fahrt mir sehr vielen guten und sogar einigen wunderbaren Momenten. Dieses Bild wurde am Ende jedoch stark eingetrübt durch Berichte von Haschkonsum und durch Zufallsfunde von Alkohol. Die Beweisstücke wurden konfisziert und werden den Eltern übergeben. Es sind vier Gelegenheiten bekannt geworden, bei denen in kleinen Runden Hasch in kleinen Mengen konsumiert wurde. Der Alkohol verteilte sich auf viele Kehlen, so dass wir zum Glück keine Fälle von regelrechter Trunkenheit feststellen mussten. Die Enttäuschung sitzt tief.

Unser ganzes schönes Sicherheitsnetz war eingerissen. Drogen und Alkohol. Doch nicht unsere Kinder? Wo sollten sie das denn bekommen? Tja, angeblich vor der besten Schule, vor dem besten Golfclub, vor dem besten Tennisclub und vor der besten Kirchengemeinde. Wir waren ratlos.

SMS an Frau Maurer-Koch:

> Finden Sie, dass man Kinder bestrafen sollte, wenn sie illegal Alkohol trinken oder Marihuana rauchen?

Ja, als Lehrer auf jeden Fall.
Ich finde, es muss Regeln geben,
die bekannt sind und befolgt werden.
Wir als Lehrer müssen uns auch
schützen. Was meinen Sie, wie
froh ich bin, wenn nach einer
Klassenfahrt alle wieder gesund
von den Eltern abgeholt werden.

Haben Sie schon einmal
Angst vor Eltern gehabt?

Nein, Angst nicht. Dennoch bin
ich vor Elterngesprächen meist
nervös, weil man nie weiß, wie
Eltern reagieren. Manchmal gibt
es Eltern, die schwierig sind, Lehrer
per se nicht mögen, ihre Kinder für
unfehlbar halten oder sich verhalten,
als seien wir ihre Angestellten. Aber
in den allermeisten Fällen erlebe
ich gute Elterngespräche.

Trotz des Alkohol- und Drogenmissbrauchs sagte der Pfarrer die Konfirmation nicht ab. Es wurde eine schöne und friedvolle Feier. Die Erwachsenen begannen unmittelbar nach dem Gottesdienst damit, Sekt und Wein und Bier zu trinken.

Wie immer hatte ich mir etwas Besonderes einfallen lassen. In einem großen alten Bus machten wir mit den Gästen eine Stadtrundfahrt entlang Paulines Lieblingsorten in Berlin. So bekamen die auswärtigen Besucher zwar weder das Brandenburger Tor noch den Potsdamer Platz zu sehen, dafür aber unter anderem die Metzgerei Bünger, die Paulines Lieblingsschinken verkaufte.

Das Geschenk für Pauline war ein Summer Camp an der New York Film Academy. Das klingt natürlich übertrieben, war aber nicht viel teurer als die Goldkettchen oder Uhren, die man sonst üblicherweise so schenkt zur Konfirmation. Hingegen wesentlich sinnvoller. Und natürlich cooler. Es sicherte mir die Liebe meiner Tochter für mindestens ein Jahr. Und es war die beste Investition in Sprache, Kreativität und Selbständigkeit, die wir machen konnten. Die Schwärmerei aller Teenies für Schauspielerei wurde an der Filmakademie in konstruktive Bahnen gelenkt. High School Musical in echt. Pauline musste Dialoge und Monologe in Englisch einsprechen, sie filmte in den Straßen von New York und wohnte mit anderen verwöhnten Kindern aus aller Welt in einem spartanisch eingerichteten Wohnheim.

Tatsächlich prägte diese Erfahrung sie mehr, als wir ahnten. Das Filmen, nicht das Spartanische. Pauline entdeckte ihr Talent und verfolgte es konsequent. Genauso hatte ich es damals auch gemacht!

Mein Glamour-Leben in New York

Drei Jahre lang lebte ich selbst in New York, Anfang der 90er Jahre, als es die höchsten Mordraten aller Zeiten in der Stadt gab. Kein Problem für den jungen Harrison Ford. Ich war als Reporter da, aber ich hielt mich vor allem in der Fashion- und Modelszene auf. Mein Leben war eine einzige Party. Nachts war ich in den Clubs von Alphabet City unterwegs, wo hinter jeder Ecke die Gefahr lauerte, tagsüber deckte ich große Politskandale auf wie Bob Woodward und Carl Bernstein in den guten alten Watergate-Zeiten. Der Präsident war zwar Bill Clinton und nicht mehr Richard Nixon, aber Skandale gab es ja auch bei ihm.

Kiki glaubt mir davon kein Wort.

Weil sie ein anderes, einfacheres Bild von mir hat. Von einem Typen, der nicht mal Frikadellen mit dem Taxi zum Kindergeburtstag bringen kann, geschweige denn Informanten in Tiefgaragen trifft. Natürlich verklären sich die Dinge im Rückblick etwas, und wahrscheinlich liegt die Wahrheit dazwischen. Vielleicht hatte ich weniger von Harrison Ford in mir als von Robert Redford, dem Mann, dem die Frauen vertrauen.

Tatsächlich arbeitete ich als Redakteur bei einer deutsch-amerikanischen Auswandererzeitung. Sie war nicht ganz die *Washington Post*, aber immerhin die älteste deutsche Zeitung in den USA, die *New Yorker Staats-Zeitung*. Für den Job hatte ich mir in Deutschland extra noch einen Reporter-Trenchcoat bei C&A besorgt. Cumpel & Anton. Immer schön auf dem Teppich bleiben. Dazu zwei Anzüge, die aus westfälischer Sicht New Yorker Journalisten trugen, aber aus New Yorker Perspektive wohl eher was für westfälische Sparkassenangestellte waren. Andererseits, woher sollten New Yorker westfälische Sparkassenangestellte kennen? Wahrscheinlich sah ich gar nicht so schlecht aus. An der Anzughose war auch kein Glöckchen.

Die Redaktion der Zeitung war in einer Fabriketage im Flower District zwischen 6th und 7th Avenue. Heute gilt das ganze Viertel als Fashion-Ecke – und wahrscheinlich hab ich das dann durcheinandergebracht: Ich war in der Flowerszene, nicht in der Fashionszene. Kiki hatte recht. Meinen 30. Geburtstag habe ich sogar in Woodstock gefeiert. Flower-Power! Heute gibt es da leider nur noch in Souvenirläden. Das ist ziemlich unwürdig, wenn man bedenkt, was damals los war.

1000 Dollar im Monat brachte der Job. Ich musste mir etwas dazuverdienen und arbeitete deshalb nebenher noch bei einer Butler-Agentur. Allerdings weniger bei Rooftop-Poolpartys, sondern bei Kindergeburtstagen. Ziemlich dekadent und auch noch in New Jersey. Ich und neun andere Butler wurden in einem verbeulten Van durch den Holland Tunnel von Manhattan,

New York, unter dem Hudson durch auf die andere Seite nach New Jersey gekarrt.

Mein Lieblingswitz, kurz eingestreut: Das Licht am Ende des Tunnels ist manchmal nur New Jersey! Hahaha. New Jersey. Sagen die New Yorker. New Jersey!

Auf einem der Kindergeburtstage erlebte ich auch zum ersten Mal Karaoke. Die Kids sangen Michael-Jackson-Songs und wurden dabei gefilmt, und am Ende bekam jeder sein eigenes Video. Jeder war ein Star. Es gab Geschenke für Tausende Dollars, nur kein Pony. Jeder Butler war für fünf Kinder zuständig. Man stand immer in ihrer Nähe am Tisch und las einfach die Wünsche von ihren Lippen ab.

»Noch eine Cola? Natürlich! Und noch eine Cola? Natürlich! Und sonst noch was, du kleiner Scheißer? Und wenn du noch ein einziges Mal mit den Fingern nach mir schnippst, dann kriegst du die Cola auf dein bescheuertes Rüschenhemd, du kleiner – noch eine Cola? Natürlich!«

Was soll ich sagen, das Butler-Business war nichts für mich.

Obwohl ich oft daran dachte, wenn ich Pauline in späteren Jahren morgens das Frühstück ans Bett brachte.

Vive la France

Kiki hielt die Vater-Tochter-Morgenrituale für völlig übertrieben. Ja, da darf sie sich nicht wundern, wenn eine 13-jährige dann plötzlich solche Kurzgeschichten verfasst, gefunden in einer Kiste mit alten Schulsachen im Keller:

Blicke

Immer noch blickte sie fasziniert auf die Schneeflocken, die vor dem Fenster tanzten. Mit welcher Leichtigkeit und Sorglosigkeit sie dahinschwebten. In einem Moment scheint alles perfekt, im nächsten prallt man hart und unbarmherzig auf der tristen Straße des Lebens auf und alles Glück zerschmilzt. Keine Hoffnung, keine Chancen.

Doch eines hatten die Schneeflocken ihr voraus, sie tanzten miteinander. Sie dagegen fiel einsam, einsam und verlassen. Und in dieser Einsamkeit stand sie nun vor dem Fenster und überdachte den Sinn ihres Lebens.

Leben, auch wieder so ein Begriff, der sie nachdenken ließ. Ihr Herz schlug, ihr Blut floss, sie atmete. Doch Leben hieß doch auch glücklich zu sein, Liebe zu empfinden, Gefühle zeigen zu können. Nichts davon traf auf sie zu. Sie war schon seit ihrer Kindheit verschlossen und einsam. Ein Leben im schlechtesten Viertel der Stadt, eine Mutter, die fremde Männer für Geld mit aufs Zimmer nahm.

Ja, sie hatte schon früh lernen müssen, selbständig zu leben und ihr Herz so zu verschließen, dass sie keine Enttäuschung und keinen Schmerz mehr zu empfinden vermochte …

Und so weiter und so fort. Es gab am Ende zwar noch ein Happy End, aber an Kikis Stelle hätte ich auch sofort eine Mutter-Tochter-Reise nach Miami gebucht. Das volle Therapieprogramm, erst zusammen Shoppen, dann zusammen mit Delphinen schwimmen. Pauline lernte früh, dass man mit guten Geschichten viel erreichen kann.

Zu väterlicher Häme gibt es aber leider keinen Anlass. In der Kiste mit dem Frühwerk fand ich auch noch diesen Brief:

Papa,

ich weiß, das hier ist wohl das Letzte, womit du gerechnet hast. Ich will, dass du weißt, wer ich bin, was mich bewegt und wieso ich dich in meinem Leben ge-

braucht hätte. Ich will, dass du weißt, was du verpasst hast.

Meine Leidenschaft für das Schreiben habe ich wohl von dir geerbt. Doch ich hoffe, dass es das Einzige ist. Du hast mich im Stich gelassen, aber auch ohne dich bin ich eine selbständige und kluge junge Frau geworden. Und Mama ist eine wunderschöne und starke Frau, obwohl es sie fast umgebracht hätte, als du sie verlassen hast.

Ich war diejenige, die sich um sie kümmern musste. Ich war diejenige, die den Alkohol wegschütten musste. Ich war diejenige, die den Krankenwagen rufen musste, als sie zu viele Pillen genommen hatte. Ich war diejenige, der die Kindheit genommen wurde.

Und so weiter und so weiter. Und dann:

Ab diesem Moment hast du keine Tochter mehr.

Oh, Gott!

Marie

Oh, Gott sei Dank! Marie! Nicht Pauline! Alles Fiktion, alles ist gut. Ich habe weiter eine Tochter.

Aber unterm Strich auch wieder ein kleiner negativer Touch in der Story. Ob man öfter mit Delphinen hätte schwimmen sollen? Oder shoppen? Das Kind entwickelte einen Hang zum Drama. Könnte natürlich auch noch nützlich werden, sollte sie später wirklich zum Film gehen, um Regisseurin zu werden.

Der Mutter-Tochter-Trip verbesserte jedenfalls erst einmal Paulines Englisch weiter. Mit dem Französischen dagegen haderte sie. Sie fand, dass es langsam auch mal gut sei – Englisch, Latein, Altgriechisch. Deutsch als Sprache nicht zu vergessen.

Natürlich hab ich mit allen Mitteln dagegen argumentiert. Jetzt als junger Mensch fällt es dir leicht, später wird es viel schwieriger sein, dann wirst du es bereuen, und so weiter. Natürlich sprach ich von mir selbst. Was haben wir uns wie die Könige gefühlt, weil wir unsere schwache Französischlehrerin kaltgestellt hatten. Einfach Zettel an die Klassentür: »Bonjour – haben uns freigenommen – au revoir«. Supercool. Das Ergebnis: Sie konnte Französisch, wir nicht. Spätestens, als ich bei Arte anfing, holte es mich ein. Demütig musste ich damals Frau Maurer-Koch eine Mail schreiben. Sie war ja Englisch- und Französischlehrerin. Es fiel mir nicht leicht, und ich versuchte, mit billigem Wortwitz abzulenken:

Von: Thomas Kausch
An: Almut Maurer-Koch
Betreff: Vive la France

Liebe Frau Maurer-Koch,

ich brauche einen Crashkurs in Französisch, jener wunderbaren Sprache, in der ich aber leider nur sehr rudimentär unterwegs bin, um nicht zu sagen, ich verirre mich in ihr, wobei ich ganz ehrlicherweise sogar sagen müsste, ich stehe im Stau – und zwar ziemlich genau an der Stelle, an der ich den Unterricht in der 12. Klasse verließ.

Gefühlt stehe ich sogar im Tunnel im Stau, und da ja das Licht am Ende des Tunnels auch meistens nur ein Zug ist – und manchmal nur New Jersey (haha) –, bin ich nahezu gänzlich ohne Hoffnung. Was ich brauche, ist also quasi eine Pannenhilfe, gewissermaßen einen Französisch-ADAC, der mir eine schnelle Starthilfe gibt und mich dann womöglich noch weiter mitzieht, um nicht zu sagen abschleppt, um hier mal im traurigen Bild zu bleiben.

Nun gut, Sie können sich vorstellen, dass es mir nicht leichtfällt, mich derart zu entblößen. Ich vertraue aber darauf, dass Sie sich nach einem kurzen Moment der Häme ihres pädagogischen Eides entsinnen und mir also jemanden empfehlen werden, der mich privat und intensiv – und vor allem natürlich diskret – unterrichtet und nach gegebenenfalls erfolgreichem Studium schriftlich erklärt, mich nie getroffen, geschweige denn belehrt zu haben.

Herzliche Grüße
Thomas Kausch

Von: Almut Maurer-Koch
An: Thomas Kausch
Betreff: Aw: Vive la France

Lieber Herr Kausch,

jetzt rächt es sich natürlich, dass Sie in der Schule nicht fleißig waren. Ich könnte Sie mal mit in meinen Französischkurs nehmen, als Negativbeispiel. Vielleicht kann ich so die Motivation meiner Schüler erhöhen.

Nun gut, dann klären wir Sie mal auf. Friedrich der Große, wie Sie wissen, war ein Freund der französischen Aufklärung und hat gerne in kleinen Rätseln geschrieben. Folgendes hat er für Voltaire verfasst:

P à ci
Venez 100

Voltaire hat es verstanden und geantwortet:

G a

Alles klar? Wenn Sie die Antwort haben, bekommen Sie einen Tipp für eine Nachhilfelehrerin und einen Gutschein für eine Beurlaubung von Pauline, wenn Sie mal mit ihr nach Paris wollen.

Liebe Grüße et à bientôt
Almut Maurer-Koch

Von: Thomas Kausch
An: Almut Maurer-Koch
Betreff: Aw: Aw: Vive la France

Liebe Frau Maurer-Koch,

den Beurlaubungsgutschein hole ich mir auch ohne Nachhilfe schon mal ab: Friedrich: Venez souper à Sanssouci. Voltaire: J'ai grand appétit.

Mahlzeit und
beste Grüße
Thomas Kausch

Von: Almut Maurer-Koch
An: Thomas Kausch
Betreff: Aw: Aw: Aw: Vive la France

Lieber Herr Kausch,

Touché – Sie können googeln. Ich habe einen ersten Kontakt zu einer jungen Frau, der sich sehr vielversprechend anhört. Ich habe gerade mit ihr telefoniert, sie macht einen netten Eindruck. Ich hoffe, sie ist nicht so hübsch, dass Ihre Frau beunruhigt ist.

Viele Grüße et bonne chance et bon courage!
Almut Maurer-Koch

Die Französischlehrerin war sehr hübsch. Sie sah genauso aus, wie man sich eine hübsche Französischlehrerin vorstellt. Das hätte ich als Jugendlicher gar nicht so zu würdigen gewusst.

Trotzdem ist es also sinnvoll, schon in der Schule Französisch zu lernen, um sich den Stress im Alter zu ersparen. Aber natürlich war Pauline genauso wenig zu überzeugen wie ich damals. Es konnte nur eine Lösung geben: Klassenfahrt nach Frankreich. Her mit den kleinen französischen Jungs. Und in der Tat waren alle begeistert. Unter romantischen Gesichtspunkten war die Reise ein voller Erfolg, bei der Verabschiedung stand der halbe Kurs knutschend vor dem Bus. Sprachtechnisch war es ein voller Reinfall, denn inzwischen sprechen junge Franzosen auch Englisch. Wer hätte das je gedacht. Außerdem nahm Pauline stark zu, denn ihre liebenswerte Gastmutter machte ihr jeden Tag Crêpes. Immerhin, mit ihrem süßen Austauschschüler hält sie bis heute Kontakt. Vive la France.

Am Ende behielt Pauline Französisch nur mir zuliebe noch bis zur 11. Klasse. Danach: Rien ne va plus. Dabei stand unter ihrer letzten Klausur: *Einfacher Satzbau richtig verwendet, häufig erfolgreiches Bemühen um komplexere Strukturen*. Das war doch was!

Wie ich aus meiner Frau eine Starfotografin machte

Ehrlich gesagt: So komplex sind die Franzosen global gesehen ja auch gar nicht mehr strukturiert, auch wenn sie sich häufig bemühen. Pardon, aber mit Englisch kommt man doch klar. Und wir liebten New York. Es war ja unsere Schicksalsstadt. Ich war geprägt durch die Fashion- und Flowerszene. Wechselte dann dort ins ZDF-Büro, nachdem ich nicht mehr Butler war. Im ZDF lernte ich Kiki kennen. Ohne Kiki keine Pauline, muss man ja auch mal zur Kenntnis nehmen. Pauline entdeckte in New York ihre Liebe zum Filmemachen. Und Kiki wiederum startete dort durch meine kluge Weichenstellung eine völlig neue Karriere.

Es begann damit, dass ich ihr an Weihnachten eine Kamera schenkte. Sehr unromantisch, ich weiß, sie war auch sehr enttäuscht, denn sonst mache ich wirklich gute Geschenke, ich kann Frauen Wünsche erfüllen, die sie niemals hatten. Handtaschen, Schuhe, Schmuck zum Beispiel. Aber die Kamera lag monatelang unbenutzt in der Schublade. Erst als wir dann nach New York fuhren, nahm Kiki sie mit. Und zufällig stand da

Karl Lagerfeld und machte ein Shooting vor dem Chanel-Store, er fotografierte ein berühmtes Model. Und Kiki fotografierte ihn. Drei Bilder nur, aus denen sie zu Hause am Computer ein Triptychon komponierte. Das ließen wir vergrößern und hängten es an die Wand. Und da hing es dann so rum. Und hing. Und hing. Und immer dachte ich: Häng doch nicht so rum, Thomas, mach was daraus.

Dann kam Lagerfeld nach Berlin. Riesen-Fotoausstellung. Lauter Bilder, die er von einem jungen Mann gemacht hatte. Aber keines zeigte ihn selbst bei der Arbeit, beim Fotografieren, in voller Aktion. Hm. Der Blick fiel an die Wohnzimmerwand. Kiki war nicht da. Ich nahm die Bilder kurzerhand ab, wickelte sie in eine Decke und ging damit in die Galerie, die Lagerfelds Ausstellung machte.

»Was halten Sie davon? Die Leute wollen doch den Meister auch sehen und nicht nur die Fotos, die er gemacht hat.«

Die Galeristin legte den Kopf nach links. Sie legte den Kopf nach rechts.

»Man müsste es professioneller produzieren lassen.«

»Kein Problem.«

»Und dann müsste ich es Karl Lagerfeld zeigen.«

»Sehr gerne.«

»Und dann müsste er entscheiden.«

»Alles klar.«

Zwei Wochen später kam tatsächlich das Okay. Und so hingen Kikis Bilder gleich am Eingang zu Lagerfelds

Fotoausstellung. Der Beginn einer neuen Karriere. Inzwischen hat sie jede Menge Hollywood-Stars fotografiert. Von Leonardo DiCaprio bis Matt Damon. Sogar Kevin Costner, den alten Bodyguard. Nur Harrison Ford nicht, den echten. Den wahren natürlich schon.

»Danke, danke, mein Schatz, alles, was ich bin, bin ich nur durch dich! Ich werde dir immer vertrauen, immer deinen genialen Eingebungen folgen und dich nie mehr kritisieren!« Habe ich Kiki nie sagen hören.

Ich spürte, dass ich langsam auch mal an mich selbst denken musste. Aber das war leichter gesagt als getan. Die echten Herausforderungen kamen ja erst noch.

Jetzt auch noch Jungs

Eines frühen Abends im Winter stand Kevin, 15, bei –10 Grad mit seiner Gitarre vorm Zaun und wollte Pauline tatsächlich ein Ständchen bringen. Ihr Fenster war allerdings im zweiten Stock. Da musste er schon laut spielen und singen. Ich beobachtete die Vorbereitungen zufällig vom anderen Fenster aus.

Wow, da stand ein Junge vor unserem Haus und wollte für meine Tochter singen, weil er in sie verliebt war. Wie romantisch war das denn? Moment mal, da steht ein Junge vorm Haus?! Ich kam wieder zu mir und ging runter zum Auto, das direkt neben Kevin stand. Stellte mich bei der Gelegenheit als Paulines Vater vor und begann umständlich, etwas unter dem Sitz zu suchen. Den wollte ich mir doch mal näher anschauen. Zwei Minuten, fünf Minuten. Kevin froren langsam die Finger ein. Aber er hielt durch und wartete geduldig.

Endlich hatte ich nichts gefunden, klopfte ihm noch aufmunternd auf die Schulter und ging wieder ins Haus hinein. Mit steifen Fingern fing der arme Junge an zu spielen. Und gar nicht so schlecht. Ich glaube, was von Oasis. Danach holten wir ihn hoch, und er kriegte einen Tee. Sollte sich ja nicht verkühlen, der Bursche.

Nach einer halben Stunde fand ich, es wäre dann aber auch Zeit für ihn zu gehen.

»Das war superpeinlich, wie konntest du da so lange am Auto rumhantieren?« Pauline war sauer.

»Ich bin dein Vater, Pauline, du bist erst 14, Kevin ist schon 15, sagst du. Und wenn er dir ein Ständchen bringt, hat er ein klares Ziel. So weit bist du noch nicht. Und ich auch nicht.«

Den ganzen Sommer über war das schon so gegangen. Im Urlaub lagen plötzlich jeden Tag Blumen vor der Hotelzimmertür. Von zwei Jungs aus Norddeutschland. Der Sohn eines bayerischen Ehepaares, das wir dort kennengelernt hatten, wurde von seiner Mutter einen Tag nach der Abreise sogar wieder zurück ins Hotel gebracht, weil er die Trennung nicht überwinden konnte. Und selbst der Sohn von Kikis ältester Freundin, der mit Pauline quasi das Fläschchen geteilt hatte, verliebte sich plötzlich in sie. Ich wusste gar nicht, in welche Richtung ich schießen sollte, von überall kamen plötzlich Angriffe, die Hormone flogen mir um die Ohren. Und Kiki fand die Jungs natürlich alle süß.

Dann kam einer, der mir auch gefiel. Auch wenn es schwierig begann. Samstagabend. Pauline war bei ihrer Freundin Ina. 23 Uhr war Schluss, aber man konnte ja auch um 22 Uhr schon mal anfragen, wann man zum Abholen kommen sollte. Man könnte ja auch schon früher kommen. Man würde ja gerne mal ein Glas Wein trinken am Samstagabend und nicht länger warten, weil man noch fahren muss. SMS an Pauline:

Schatz, wann soll ich dich denn abholen?

Keine Antwort. Auch nach zwei Minuten noch nicht.

Pauline. Es ist bald 11. Kann ich schon losfahren?

Keine Antwort. Auch nach fünf Minuten nicht. Das war ungewöhnlich. Anrufversuch. »Dies ist die Mailbox …« Das reichte für eine erste solide Panikattacke. SMS an Ina:

Hallo Ina, kann Pauline nicht erreichen. Vielleicht ist ihr Akku leer. Komme sie jetzt gleich abholen. Meldet euch bitte mal.

Keine Antwort. Dafür läuteten jetzt alle Alarmglocken auf einmal. Erst die Polizei oder gleich das BKA anrufen? BND? Verfassungsschutz?

Anruf bei Ina. Freizeichen. Viermal. Fünfmal. Sechsmal.

»Hallo?«

»Ina!! Hier ist Thomas!! Paulines Papa!! Wo seid ihr denn?? Wieso antwortet keiner??«

»Äh. Weiß auch nicht. Nichts gehört.«

»Ich hole Pauline jetzt ab. Gib sie mir bitte mal.«

»Äh. Das ist jetzt schlecht. Sie kann grad nicht.«

»Was soll das heißen, sie kann grad nicht. Ist sie auf der Toilette?«

»Ähm. Ja, genau.«

»Gut, dann warte ich.«

»Also, ich glaube, das dauert noch länger.«

»Ina, was ist da los? Habt ihr getrunken? Ist Pauline schlecht? Übergibt sie sich?«

»Nein, nein.«

»Was ist da los, Ina? Gib mir jetzt sofort Pauline! Ich mache mir Sorgen!«

»Also – also, sie ist nicht hier.«

»Sie ist nicht hier. Wo ist sie denn?«

»Sie ist bei – Max.«

»Was für ein Max?«

»Max von Höhenstein.«

»Max von Höhenstein? Wer soll das denn sein?«

»Ihr Freund.«

»Ihr Freund?«

»Seit drei Wochen. Aber ich wollte Pauline nicht verraten.«

»Was heißt verraten?«

»Ich hatte es versprochen.«

»Wozu denn diese Heimlichtuerei? Sie wird ja nicht allein bei ihm sein. Wer ist denn noch da?«

…

»Ina?«

»Ja.«

»Ina, wo wohnt dieser Max?«

»Ich weiß es nicht. Ich kenne ihn nicht. Pauline hat ihn über die Jugendgruppe in der Kirche kennengelernt.«

»Wie heißt der? Max von?

»Höhenstein.«

»Danke. Wir sprechen uns noch, Ina.«

Anruf beim Pfarrer.

»Thomas Kausch von nebenan. Entschuldigen Sie die späte Störung, Herr Pfarrer. Ich suche einen Max von Höhenstein. Wissen Sie, wo er wohnt?«

»Ja, er ist einer unserer Jugendbetreuer. Hat die Konfirmandengruppe betreut, in der auch Pauline war. Was ist denn los?«

»Ja, das scheint eine etwas intensivere Betreuung geworden zu sein. Ich kann Pauline nicht erreichen. Vielleicht ist sie bei ihm. Kann ich seine Telefonnummer und Adresse haben?«

»Bei Max müssen Sie sich keine Sorgen machen, Herr Kausch. Der ist verlässlich und verantwortungsvoll. Schon sehr reif. Hier ist seine Nummer.«

»Danke.«

Schon sehr reif. Das beruhigte mich nun gar nicht. Freizeichen. Beim fünften Klingeln ging er ran.

»Hallo?«

»Hallo. Ist Pauline bei dir? Hier ist ihr Vater!«

»Ja, Pauline ist hier.«

»Ich möchte sie sprechen.«

»Ja, okay.«

»Hallo?«

»Ich bin in zehn Minuten da. Dann stehst du zusammen mit diesem Jungen und seinen Eltern unten vor der Tür.«

»Seine Eltern sind nicht da.«

»Das wird ja immer schlimmer. Dann mit dem Jungen. In zehn Minuten.«

Ich stand unter Schock. Samstagabend, 22.30 Uhr. Und meine 14-jährige Tochter war bei einem Jungen und verheimlichte es.

»Was heißt, das ist relativ normal?«

Kiki hatte sich eingeschaltet. Ich würde überreagieren. Teenagerromanze. Heimlichkeiten gehörten dazu. Es wäre wohl besser, sie würde Pauline abholen. Und ich jetzt mal ein Glas Wein trinken.

Eine Stunde später waren sie wieder da. Pauline wollte ihren Vater nicht sehen und ging gleich in ihr Zimmer. Kiki fand:

»Das ist ja ein ganz Süßer, der Max.«

Man fasst es nicht.

Zwei Wochen später waren wir alle in ihn verliebt. Er sah aus, wie junge, attraktive Mütter sich junge, attraktive Schwiegersöhne wünschen. Wie im Film. Groß, schlank, gepflegte schwarze Haare, klassischer Gregory-Peck-Schnitt, charmantes Cary-Grant-Lächeln, höflich, bescheiden, aber mit Witz. Viel George Clooney drin. Fast schon unheimlich, wie er mir ähnelte. Wir luden ihn übertrieben zum Essen ins Borchardt ein, Paulines Oma auch dabei, auch ganz hin und weg. Und ich? Nun ja. Max von Höhenstein. Der Name hatte schon was. Vielleicht würde ich ihn später ja annehmen können, wenn die beiden verheiratet waren? Thomas von Höhenstein – das hatte Klang. »Guten Tag, Thomas von Höhenstein, ich hätte gerne einen Kindergartenplatz für meine Tochter.« In Wien hätte das sofort funktioniert. »Thomas von Höhenstein, wenn Sie möchten, werde ich hier Elternsprecher.« Auch in den Schulen wäre ich doch sofort gewählt worden. Es hätte alles sehr schön werden können. Aber dann verplapperte Pauline sich.

»Wir fahren dann nächstes Wochenende zusammen aufs Festival.«

»Auf welches Festival?«

»Melt.«

»Melt! Das ist Techno. Alkohol, Drogen, Sex. Ostdeutschland. Du bist 14, mein Schatz. Frag in vier Jahren noch mal.«

»Max ist doch bei mir.«

»Max kann in drei Jahren noch mal fragen.«

»Nein, er darf hin, er fährt ja.«

»Was heißt, er fährt ja?«

»Ja, mit seinem Wagen, wir fahren zu viert.«

»Was heißt, mit seinem Wagen?«

…

»Was für ein Wagen, Pauline?«

»Äh, er hat gerade ein Auto bekommen.«

»Er hat ein Auto bekommen?! Mit 15?«

…

»Was will er mit 15 mit einem Auto?«

»Na ja, 15. Er ist nicht 15.«

»Was heißt, er ist nicht 15?«

»Er wird jetzt 18.«

»Er wird jetzt 18!?«

»Du musst nicht immer alles wiederholen.«

»Ich muss nicht immer alles, was soll das heißen, ich meine … wieso ist der 18, der ist doch 15, du kannst doch nicht mit einem 18-Jährigen, du bist doch erst 14!«

»Beruhig dich doch, Papi, es ist doch nichts passiert, und es ist immer noch derselbe Max, den ihr so toll findet.«

»Es ist nicht mehr derselbe Max. Nichts ist toll an dem. Das ist kein Junge, das ist ein Mann. Und du bist ein Kind. Wieso ist der 18, der ist doch 15!«

»Ich bin kein Kind mehr.«

»Natürlich bist du noch ein Kind. Wieso hast du uns angelogen?«

»Ich dachte, er sei gerade 16 geworden, als ich euch sagte, er sei 15. Das war nur ein bisschen untertrieben. Ich wollte nicht, dass du dir Sorgen machst. Dass er schon 17 war, wusste ich erst auch nicht. Und bald 18 wird. Er wirkt ja gar nicht so. Ihr dachtet ja auch, er sei jünger. Und es war ja auch nicht wichtig. Er hat gesagt, es spielt keine Rolle für ihn, dass ich jünger bin. Er ist in mich verliebt.«

»Pauline, komm mal her.«

»Es tut mir leid. Ich wollte nicht schwindeln. Zahlen sind wohl einfach nicht unsere Stärke.«

»Irgendwann wird er mit Dingen auf dich zukommen, für die du noch zu jung bist, verstehst du, er ist in jeder Hinsicht schon reifer als du …«

»Papi, es ist nichts …«

»… und selbst wenn er sich zurückhält, du weißt schon, irgendwann wird er dich bestimmt drängen. Seine Freunde haben alle schon ältere Freundinnen, und die haben dann alle schon Sex, aber er nicht, und irgendwann –, will er dann auch. Verstehst du, was ich meine, Pauline?«

»Ich verstehe, auch wenn du dich unverständlich ausdrückst. Du musst dir wirklich keine Sorgen machen.«

»Ihr habt ja auch in der Schule schon über diese Dinge gesprochen, oder?«

»Ja, haben wir. Und unser Biolehrer war genauso geschickt wie du. Es ist alles okay.«

»Du kannst ja auch mit Kiki noch mal sprechen.«

Bevor es zu »Problemen« kam, lernte Pauline allerdings den nächsten Prinzen kennen. Die kommen ja im Wochenrhythmus vorbeigeritten in der Teenagerzeit. Diesmal wieder ein mittelloser Gitarrenspieler. Pauline war hoffnungslos romantisch. Immerhin altersgerecht und sogar was für länger. Aber eben leider ohne Schloss. Bye-bye, Thomas von Höhenstein.

Jetzt auch noch Drogen und Internet

14, 15, 16. Schwieriges Alter, schwieriges Alter.
Rundbrief der Elternsprecher:

Liebe Eltern,

der Anlass dieser Rundmail ist diesmal ein nicht so schöner.
Im Zusammenhang mit dem weihnachtlichen Klassenschmuck gab es offenbar mehrere »Kokeleien« in den Unterrichtspausen, an denen fast alle Jungen beteiligt gewesen sein sollen. Die Kinder sollen über mitgebrachte Feuerzeuge verfügt haben.
Weiterhin sollen einige der Jungen außerhalb des Schulgeländes Zigaretten geraucht und Beck's-Bier getrunken haben. Die Situation in der Klasse hat sich offenbar in der letzten Zeit zugespitzt, so dass wir alle mit unseren Kindern hierüber reden sollten.
In diesem Sinne wünschen wir, dass die Weihnachtstage auch für besinnliche Stunden und gute Gespräche genutzt werden können.

Viele Grüße
Die Elternvertreter

Beck's-Bier haben die Kinder getrunken. Auch das noch. Dabei waren alle Berliner Kindl. Immerhin profitierte das THW, da musste Herrmann vier Wochen lang zur Strafe für die Kokeleien arbeiten, er war als Einziger in flagranti erwischt worden. Wäre er vielleicht doch besser auf der Königin Luise geblieben.

Die besinnlichen Gespräche über Weihnachten zeigten keine Wirkung.

Liebe Eltern,

wir laden Sie ganz herzlich ein zum Elternabend. Themen werden der Mittlere Schulabschluss (MSA) und das Haschischrauchen sein.

Herzliche Grüße
Die Elternvertreter

Unser schönes Sicherheitsnetz. War das etwa die berüchtigte Wohlstandsverwahrlosung?

SMS an Frau Maurer-Koch:

Sollte man Kinder generell eher verwöhnen oder eher an der kurzen Leine halten?

Hm – ich gehöre eher zu der Verwöhnfraktion. Trotzdem denke ich, dass man auch klare Grenzen setzen muss. Ich bin zu den Schülern meist sehr freundlich. Aber manchmal geht das auch nicht und man muss deutlich werden. Es gibt Kinder, die werden verwöhnt zu Hause, haben alle Möglichkeiten und sind trotzdem angenehm bescheiden, fleißig, höflich und respektvoll. Andere werden verwöhnt und verhalten sich nicht angemessen. Zu kurze Leinen können sich aber auch negativ auswirken: Dann suchen sich die Kinder andere Bereiche, in denen sie über die Stränge schlagen können. Die Schule, den Sportverein …

Mit anderen Worten, wie man's auch macht, man macht es verkehrt. Ich konnte auch streng sein, so ist es nicht. Pauline hat nie einen eigenen Fernseher für ihr Zimmer bekommen. Stattdessen schaute sie heimlich im Arbeitszimmer Dschungelcamp. Erfuhr ich erst später. Und Richter Alexander Hold. Erfuhr ich erst kürzlich, was für ein Schlag.

Einen Computer bekam sie erst mit 16. Und schülerVZ war strikt verboten. Einstiegsdroge, das kennt man doch, am Ende landen sie auf Facebook, dem Bahnhof Zoo der Netzwerke. Aber auch da war sie längst angemeldet, und Kiki und ich waren so erschüttert, als hätten wir Spritzen und Heroin unter ihrem Bett gefunden.

»Wie konntest du uns so etwas antun, schülerVZ!?«

»Hinter unserem Rücken!«

»Warum hast du uns nicht vertraut?«

»Was heißt, wir hätten es verboten. Natürlich hätten wir es verboten. Wir verbieten dir ja auch, Drogen zu nehmen!«

Kiki zu mir: »Ich war immer gegen den Computer, du hast ja gesagt, man kann das kontrollieren.«

Ich zu Kiki: »Ich?? Ich hab doch immer gesagt, ich will nicht der Vater sein, der alle halbe Stunde die Kinderzimmertür aufmacht und sagt: ›Noch eine halbe Stunde, dann ist aber Schluss.‹«

Kiki: »Mit wem zusammen hat sie den Computer gekauft?!«

Ich: »Sie hat die Hälfte doch selbst bezahlt.«

Kiki: »Ach, na dann ist es ja zur Hälfte ihre Schuld.«

Ich: »Vielleicht ist schülerVZ auch nicht so schlimm. Die anderen sind da ja auch alle.«

Kiki: »Ganz genau. Dann ist ja alles gut. Wenn alle Drogen nehmen.«

Ich: »Wir schauen jetzt nach vorn. Pauline, wir stellen ab sofort Social-Media-Regeln auf. Du schreibst im Netz nur, was du den Leuten auch ins Gesicht sagen würdest. Was ruhig jeder lesen kann, sogar deine Eltern. Und wir machen Stichproben.«

Wow, knallharte Regeln. Na, dann war ja alles unter Kontrolle.

Die große schülerVZ-Krise. In der Rückschau wirkt es natürlich sehr niedlich im Vergleich zu dem, was heute alles abgeht im Netz. Eine rosa Puppenstube, in der gegruschelt wurde. Ist ja auch pleitegegangen.

Jetzt auch noch das Rauchen aufgeben

Anders als schülerVZ sollten wir Frau Maurer-Koch noch alle sehr vermissen, als sie die Klasse nach drei Jahren abgab. Natürlich bekam sie ein übertriebenes Abschiedsfest, denn ich hatte es organisiert. Gut, Kiki und eine andere Mutter haben mir geholfen. Beziehungsweise ich ihnen. Die eigentlichen Elternsprecher waren jedenfalls ziemlich sauer, dass wir das einfach in die Hand genommen hatten, aber sie waren typische Bedenkenträger und Verhinderer. 13 Euro für jeden, das sei zu viel. 10 Euro seien maximal angemessen. Ja, ja. Drei-Euro-Grundsatzdramen. Hinterher haben alle vor Freude gestrahlt. Tja, man hätte ja auch mich damals als Elternsprecher vorschlagen können.

Es war eine Überraschungsparty. Wir hatten Frau Maurer-Koch zu uns in die Wohnung auf ein Glas Wein eingeladen. Von unserem Balkon im zweiten Stock konnte man, wie gesagt, in den Garten vom Pfarrhaus schauen, was natürlich für Pauline immer wahnsinnig uncool und sogar sehr, sehr schlimm war, wenn sie sich dort mit ihren Freunden im Jugendclub traf. Jetzt aber stand da die ganze Klasse und sang für ihre Lehrerin.

Die stand auf dem Balkon und weinte. Ihre erste eigene Klasse. Dann wurde frische Pasta gekocht, anstatt olle Elternsalate zu essen, es gab Wein, und es wurde getanzt. Schüler, Eltern und Lehrer zusammen. Ich hielt eine sehr ergreifende Rede, und es flossen noch mehr Tränen – ein Tag wie aus dem Bilderbuch. Und dann kam Manni Bertel. Nein, war schon okay. Er war ja Frau Maurer-Kochs Stellvertreter gewesen. Die beiden waren von den Schülern sogar zum sexiest Lehrerpaar alive gewählt worden. Aber was bedeuten solche Titel schon.

Den Tag werde ich auch deshalb nicht vergessen, weil ich mir an ihm das Rauchen abgewöhnt habe. Mit Hypnose. Ja, umstritten, ist schon klar, sollte uns aber später auch in der Schule noch nützlich sein. Ich hatte wirklich lange und viel geraucht und wollte es auch nur aufgeben, weil ich merkte, dass es mir wichtiger wurde, als Zeit mit Pauline zu verbringen. Ich rauchte nicht in ihrem Beisein. Je älter sie wurde und je länger sie abends aufblieb, desto länger musste ich warten, bis ich mir eine genehmigen konnte. Als ich mich dann »Geh jetzt endlich ins Bett, Pauline!« sagen hörte, wusste ich, dass ich handeln musste.

Das mit der Hypnose hatte natürlich Kiki arrangiert. Ich war überzeugt, dass es nicht funktionieren würde. Dafür bin ich zu willensstark, immer alles unter Kontrolle, der Mann, der vorangeht, die Verantwortung trägt, gegen jeden Widerstand, Bruce Willis macht keine Hypnose. Als mich die Therapeutin allerdings nach zwei Stunden fragte, wie lange ich glaubte, dagelegen zu haben, sagte ich in voller Gewissheit: »15 Minuten, 20 vielleicht.« Fehlten also mehr als eineinhalb Stunden, in denen sie mir widerstandslos das Rauchen abgewöhnte hatte. Es kann allerdings auch sein, dass es am Honorar lag. Die Sitzung war nämlich unverschämt teuer, ich glaube, vor allem das hielt mich in der ersten kritischen Woche von einem Rückfall ab.

Wenn man mit Hypnose also möglicherweise Raucher entwöhnen kann, wenn man Schlafstörungen behandeln kann, warum dann nicht auch Prüfungsängste? Es geht am Ende ja nur darum, ein paar mentale Werkzeuge zu haben, die man in Stresssituationen aus dem Kasten holen kann. Also schickte Kiki auch Pauline einfach mal prophylaktisch hin.

Kiki erinnert sich daran so: »Pauline kam nach der Sitzung heraus und war begeistert. ›Das sollten wirklich alle Schüler einmal machen‹, sagte sie.« Pauline erinnert sich so daran: »Das hat überhaupt nichts gebracht, ich hab dem einfach nur was vorgespielt.« Damit steht Aussage gegen Aussage. Eines aber ist sicher: Es hat Pauline im Abitur 15 Punkte in Bio gebracht. Wenn auch anders als gedacht. Aber dazu kommen wir noch.

Jetzt auch noch Flashmobs

Apropos 15. Der 15. Geburtstag war sehr stressig. Es sollte eine Party im Jugendclub der Gemeinde werden. Mit Musik und Tanzen – und mit Bier.

»Bier dürft ihr erst mit 16 trinken.«

»Ja, aber alle trinken schon Bier.«

»Beck's-Bier, was? Heimlich vielleicht, aber sie bekommen es nicht von den Eltern.«

»Bei Paul kriegen wir Wein von den Eltern.«

»Wie bitte, da ruf …«

»Nein, bitte ruf da jetzt nicht an.«

»Ich brauche auf jeden Fall eine schriftliche Einverständniserklärung der Eltern von allen, die noch nicht 16 sind. Wenn du die besorgst, stell ich euch eine Kiste Bier hin. Sonst nicht. Du weißt doch, dass alle einen Juristen in der Familie haben.«

»Das ist doch total peinlich. Und eine Kiste reicht auch nicht.«

»Alles klar. Es gibt überhaupt keinen Alkohol und Schluss. Ende der Debatte.«

Konsequenterweise sagte Pauline daraufhin die ganze Party ab.

Der 16. Geburtstag war wieder ganz cool. In einem Teenie-Club. Der die volle Verantwortung trug.

Der 17. war eine Katastrophe. Wir schienen Probleme mit den ungeraden Zahlen zu haben. Teenie-Club war inzwischen natürlich uncool, Gemeindehaus sowieso, aber in Mitte konnte man für solche Feste einen angesagten Frozen-Yogurt-Laden mieten. Das gefiel mir. Da wurde bei Partys zwar Bier und Wein ausgeschenkt, aber es klang auch noch ein bisschen nach Kindergeburtstag. Mit lustigen Joghurts.

Allerdings standen am Ende hundert Namen auf der Gästeliste, und ich war als Veranstalter für die Gesundheit und das Überleben all dieser Jugendlichen verantwortlich. Nicht die Joghurt-Leute, wie ich zunächst gehofft hatte. Hundert betrunkene Jugendliche irgendwo in Berlin-Mitte, das klang gar nicht mehr nach Kindergeburtstag. Außerdem hatte gerade die Zeit des Party-Crashens begonnen, jede Feier sprach sich über die sozialen Medien herum, und alle gingen einfach hin, ob eingeladen oder nicht. Am Ende würden es also bestimmt zweihundert werden wie bei Thessas berüchtigter Facebook-Party in Hamburg, als die halbe Stadt plötzlich zu Hause bei der Familie im Garten stand. Ich hatte nur noch betrunkene, auf Joghurt ausrutschende, auf den Hinterkopf stürzende, blutüberströmte Jungs vor Augen und ihre Eltern, die alle Rechtsanwälte waren und mich alle verklagten. Auch diese Party musste abgesagt werden, so bitter das für Pauline war.

Der 18. Geburtstag war dafür wieder ein schöner Erfolg. Ich hatte eine Partytram gemietet. Drink and Drive durch den Osten Berlins. Die Jugend war begeistert. Ich auch. Teilnehmeranzahl begrenzt und alles schön unter Kontrolle der Berliner Verkehrsbetriebe. Meine bestinvestierten 200 Euro.

Jetzt noch schnell die Schule wechseln?

Herr Blechtal, Frau Maurer-Kochs Nachfolger als Klassenlehrer, trat natürlich in große Pumps. Zumal seine Fächer auch noch Mathe und Erdkunde waren. Ein ganz normaler Lehrer, wie ihn jeder mal hatte in Mathe. Und Erdkunde. Unerschütterlich im Glauben an sich selbst. Beige Strickjacke, braune Cordhose, im Hintergrund hängt die Südamerika-Karte. Hat auch Fotos gemacht auf Reisen, von Inkatempeln und Mayamasken, zeigt die Dias jeder Klasse und kann auch spannend davon erzählen. Und lang. Kein Mann für den taillierten Boss-Anzug.

Herrn Blechtal konnte ich natürlich auch nicht bezirzen wie Frau Maurer-Koch. Verspätungen fand er gar nicht lustig. Als es wieder einmal so weit war, wollte er Pauline in die »rosa Liste« eintragen. Ein schöner Euphemismus, denn in Wirklichkeit war es natürlich eine böse schwarze Liste. Also dachte ich, vielleicht wäre es eine gute Idee, wenn meine Frau mal versucht, einen Kontakt aufzubauen. So von Mutter zu Lehrer. So auf ihre direkte Art, ohne rumzueiern, nicht so devot.

Sehr geehrter Herr Blechtal,

hiermit bitte ich, das Fehlen unserer Tochter Pauline am Montag in der dritten Schulstunde zu entschuldigen. Wie mir Pauline schilderte, scheint es sich um ein Missverständnis gehandelt zu haben. Sie hielt sich nämlich mit drei anderen Schülerinnen in der Schulmensa auf, in der Annahme, dass die von Ihnen abzuhaltende Vertretungsstunde erneut ausfallen würde.
Sie sind in diesem Halbjahr dem Unterricht offenbar selbst dreimal ferngeblieben. Sicher hatten Sie Gründe, aber bei den Schülern sorgte dies anscheinend für Verunsicherung.
Da Sie am Montag wohl nicht pünktlich zum Vertretungsunterricht erschienen sind, haben nun einige Schüler angenommen, dass Sie auch ein viertes Mal nicht kämen.
Pauline ist eine verantwortungsvolle und zuverlässige Schülerin, die bisher nicht durch »Schulschwänzerei« aufgefallen ist. Es sei denn, Sie möchten mir Gegenteiliges berichten.
Ich gehe davon aus, dass es KEINEN Eintrag für Pauline in die »rosa Liste« gibt, bedanke mich für Ihr Verständnis, verbunden mit dem Wunsch, dass in Zukunft weder auf der einen noch auf der anderen Seite unentschuldigt »ferngeblieben« wird.

Mit freundlichen Grüßen
Kiki Kausch

Ja, so kann man natürlich auch versuchen, eine Beziehung zu einem neuen Lehrer aufzubauen. Aber es funktionierte. Man hatte sich in die Augen geschaut, auf gleicher Höhe.

Bald galt es allerdings ganz andere Probleme zu lösen, Zweifel auszuräumen bei intensiven nachschulischen Vater-Tochter-Gesprächen in der Trattoria Toscana. Viele Schüler planten nämlich, zur Oberstufe auf ein »leichteres« Gymnasium zu wechseln, wo sie auf einen besseren Abschnitt hofften.

»Würde ein Wechsel nicht wirklich Sinn machen? Hinterher fragt doch keiner, auf welcher Schule ich war, jeder schaut nur auf den Abschnitt.«

»Wir nicht, Pauline.«

»So, einemal die Linguine mite Pesto und einemal die Pizza Tonno.«

»Was würden Sie raten, Gianfranco? Soll Pauline auf eine leichtere oder eine schwerere Schule gehen?«

»Ha, was für eine Frage, leichte natürlich!«

»Verkaufen Sie gerne immer nur Pizza oder nicht lieber auch mal etwas Anspruchsvolleres, einen schönen Fisch, auch wenn man den filetieren muss?«

»Iste die Pizza meine Lieblingsessen!«

»Danke, Gianfranco, bringen Sie mir doch noch einen Gavi, bitte.«

Pauline blieb dran.

»Ist es denn besser, ein Zweier- oder Dreier-Abi auf dem Grauen Kloster zu machen und dann weniger studieren zu können, als woanders ein Einser-Abi zu holen, mit dem man dann sogar Medizin studieren könnte?«

»Es ist nicht unwichtig, auf welcher Schule man war. Die Schule steht für etwas. Und dafür stehst du dann auch.«

Nimm den schwereren Weg … – das muss man auch erst mal begründen. Wenn der leichtere Erfolg verspricht, ein Medizinstudium. Eine eigene Praxis. Ein Ferienhaus in der Toskana. Einen Porsche 911 Targa. In Mitternachtsschwarz. Metallic.

»Gerade in der Oberstufe bekommst du an einer anspruchsvollen Schule die Grundlagen für kritisches Denken beigebracht. Dann wird es doch inhaltlich erst richtig spannend! Dann macht Schule doch auch wirklich Spaß! Brecht! Kant! Fitzgerald!«

…

»Iphigenie auf Tauris!«

…

»Büchner! Woyzeck!«

…

»Justin Bieber!«

»Justin Bieber?«

»Schön, dass du wieder dabei bist. Nur auf das Ergebnis zu schauen ist jedenfalls eine grundsätzlich falsche Lebenseinstellung.«

»Und wenn ich dann kein Einser-Abi mache und nicht Medizin studieren kann? War dann der Weg das Ziel?«

»Erstens kannst du doch eh kein Blut sehen. Und zweitens denk ich, du willst zum Film. Mach ein Abi, das dir nicht geschenkt wird, dann ist es etwas wert! Und zwar auch für dich selbst und nicht nur für andere. Und sieh zu, dass es trotzdem ein Einser-Abi wird.«

Den Porsche hätte ich mir schon gerne mal ausgeliehen später. Um in das Haus in der Toskana zu fahren.

Anruf bei Frau Thies-Böttcher:

»Viele Kinder denken darüber nach, in der Oberstufe auf eine leichtere Schule zu wechseln, um ein besseres Abitur machen zu können und damit bessere Studien- und Berufschancen zu haben.«

»Nicht jeder, der dies so getan hat, hatte auch den gewünschten Erfolg. Im Übrigen bin ich davon überzeugt, dass die Schüler bei uns in einem geistig anspruchsvollen und menschlich zugewandten sozialen Umfeld groß werden und ihre Persönlichkeit entwickeln können. Die Schule erwartet etwas, aber sie ist nicht doktrinär, sie lässt den jungen Menschen den Spielraum, den sie brauchen. Die Schüler, die die Schule verlassen, sehnen sich im neuen Umfeld in der Regel genau nach diesen Dingen, auch wenn sie vielleicht ein oder zwei Punkte mehr erreichen.«

Dass durch die Verkürzung der Schulzeit von 13 auf 12 Jahre die entscheidende Zeit für das Lernen kritischen Denkens gestohlen wurde, ist natürlich noch mal ein anderes Thema.

Aber nicht nur das, man hat uns schlicht und einfach auch ein Familienjahr gestohlen. G8 – G für gestohlen! Ein wertvolles, unwiederbringliches Jahr des Zusammenlebens. Des Frühstückmachens, Bananenscheiben-ins-Müsli-Schnibbelns, nicht die reifen, die sind so glitschig, »Guten Morgen, mein Schatz, hast du gut geschlafen?«. Darum wurde ich betrogen. Mein Kind würde mich ein Jahr früher als nötig verlassen. Aber so weit war es Gott sei Dank noch nicht.

Zwischenprüfung – Taylor Swift, Vanessa Hudgens und Dietrich Bonhoeffer

Erst mal mussten wir die Prüfung zum Mittleren Schulabschluss bestehen. MSA. Grundlagen der Mathematik zum Beispiel. Die Herr Putz meiner Tochter nicht beigebracht hatte. Dieser arrogante Putz. Ich machte mir ernsthaft Sorgen. Prozente, Wurzeln, das große Einmaleins – wie sollte Pauline das nur schaffen? Es gab nur eine Strategie: Tarnen, Täuschen, Triumphieren.

Ich kaufte alle MSA-Vorbereitungsbücher, die es gab. Drei Wochen vor der Prüfung begannen wir. Jeder Tag im Kalender bekam ein Thema und ein Pensum. Mit Mathe fingen wir gar nicht erst an. Stattdessen bereiteten wir vor allem das große Feuerwerk vor, mit dem die Prüfer geblendet würden: die mündliche Präsentation zu einem Thema eigener Wahl. Etwas ganz Authentisches. Was könnte das am besten sein?

»Taylor Swift – als sie noch keiner kannte außer mir«, schlug Pauline vor.

Schönes Thema, vielleicht nicht ganz auf den Punkt. Könnte man aber viel erzählen, meinte Pauline. Wie billig es zum Beispiel sei, dass jetzt alle Taylor-Swift-Fans sind. Damals hätte man zu ihr stehen müssen, als sie noch keiner kannte, als man verlacht worden sei dafür. Hier ging es um Haltung, um Charakter, um christliche Werte. Toleranz!

»Oder du nimmst: Die Choreografie in High School Musical 3 am Beispiel von Vanessa Hudgens«, sagte ich, »das wäre doch auch sehr authentisch.«

»Hä? Wofür steht das denn?«

Für Liebe und Unvernunft. Religion sozusagen. Deutschlandpremiere von High School Musical 3 in München. Ich hatte eine Einladung bekommen. Die Schauspieler würden auch da sein. (Wieso hatte ich eigentlich eine Einladung zu einem Teenie-Film bekommen? Egal.) Es wäre doch eine schöne Überraschung … damit könnte man doch zum besten Daddy … mittags nach München, abends wieder zurück … Pauline früher aus der Schule, ich nehme mir frei … völlig übertrieben. Aber so was bleibt hängen, es einfach mal völlig übertreiben, gegen jede Vernunft. Als Eltern.

»Pauline, ich hole dich am Mittwoch nach der vierten Stunde aus der Schule ab.«

»Frau Maurer-Koch, ich möchte meinen Gutschein einlösen.«

»Meine Damen und Herren, liebe Kinder: Hier sind Vanessa Hudgens und Zac Efron!«

»Kreeeeeeeiiiiiiiissssssscccchhhhhh!«

Abends mit der letzten Maschine flogen wir zurück. Mindestens ein halbes Jahr Tochter-Vater-Liebe safe.

Tja, geht schnell vorbei, so ein halbes Jahr. Authentizität jedenfalls, der Schlüssel zum Erfolg, mein Credo, aber Taylor Swift und Vanessa Hudgens gingen wohl an der Erwartung des Lehrkörpers vorbei. Nicht aber – Dietrich Bonhoeffer! Zugegeben, das klang zunächst nicht so sexy, tatsächlich war er aber sehr, sehr cool, um im Jargon zu bleiben. Ein Widerstandskämpfer mitten im Grunewald-Viertel, wo sich die Nazis breitgemacht hatten. Himmler wohnte um die Ecke, und ein paar Häuser neben dem Gemeindehaus der Grunewald-Kirche war eine Gestapo-Dienststelle. Dem Gemeindehaus, in dem Bonhoeffer wirkte. Dem Gemeindehaus, in dessen Garten wir schauten. Dem Garten, in dem Paulines 15. Geburtstag ausfiel, weil es kein Bier für die Kinder gegeben hatte. Wie authentisch war das denn! Das könnten schöne 15 Punkte werden.

Liebe Pauline,

der Prüfungsausschuss hat das Thema für die mündliche Prüfung in folgendem Wortlaut:

»Dietrich Bonhoeffer – Märtyrer für die bekennende Kirche?«

genehmigt.

Na also. Da konnte man doch was draus machen. Ein Fragezeichen hinter der Aufgabenstellung. Das hielt es ein bisschen im Ungewissen und alle Wege offen. Mit

Spurensuche vor der Haustür, Interviewtermin mit dem Grunewald-Pfarrer. Ohne Erwähnung der Konfi-Fahrt natürlich. Mit Recherchen in den Schularchiven unter besonderer Hervorhebung der langen Tradition des Evangelischen Gymnasiums Zum Grauen Kloster. Mit Einschub, wie dankbar man sei, hier lernen zu dürfen. Besser ohne Einschub, authentisch bleiben.

»Authentizität, Pauline, das ist immer und überall der Schlüssel zum Erfolg. Ob als Bundeskanzlerin oder Dschungelkönigin – die Leute geben dir ihre Stimme, wenn du authentisch bist.«

»Dschungelkönigin?«

»Vergiss es! Deine Mutter und ich sind immer noch enttäuscht, dass du das heimlich geguckt hast!«

Und so bestand Pauline die erste große Prüfung.

»Du tust ihr keinen Gefallen, wenn du dich so in ihre Schulaufgaben einmischst.«

Kiki mal wieder. Unser Morgentelefonat, ich zwischen zwei Sitzungen, aber Kiki nahm sich die Zeit. So wie früher auch. Ich irgendwo im Kriegsgebiet. Die Einschläge kamen näher. In einer Minute auf Sendung, aus der Zentrale kam schon das Kommando: Noch 30 Sekunden, Harrison, halte dich bereit – da klingelte das Handy.

»Du erziehst sie zur Unselbständigkeit.«

»Rousseau sagt, Väter sind die besten Lehrer.«

»Du kannst doch gar kein Französisch. Das Geld für die Privatlehrerin war doch zum Fenster rausgeschmissen.«

»Du wolltest doch, dass sie nicht mehr kommt. Weil du eifersüchtig warst.«

»In deinen Träumen. Sie war keine Französin, sie war Französischlehrerin. Und du hast nichts gelernt bei ihr. Du hättest selbständig lernen sollen.«

»Ich musste mich um Paulines Aufgaben kümmern.«

»Die soll auch selbständig lernen.«

»Rousseau sagt …«

»Rousseau fürs Klo!«

»… in seinem Buch *Emile oder über die Erziehung* …«

»Emil und die Detektive, da lernt man etwas über Selbständigkeit.«

»Emil und die Detektive? Ein Kind alleine im Zug nach Berlin schicken? Das ist Selbständigkeit? Ihm ist doch gleich das Geld für die Großmutter gestohlen worden!«

»Und er hat es sich wieder zurückgeholt. Samt 1000 Mark Belohnung.«

»Nur weil Gustav mit der Hupe ihm geholfen hat!«

Kiki fing an zu lachen.

»Was gibt's da zu lachen?«

»Weißt du noch die Wiener? Hupen immer erst, wenn sie schon überholt haben.«

»Die Wiener Würstchen. Haha. Apropos. Was kochst du heute für Pauline?«

…

»Kiki?«

»Gar nichts. Sie wird wohl verhungern müssen. Die böse Rabenmutter versorgt sie ja nicht. Und selbst kann sie sich ja nichts machen.«

»Haha. Mach ihr doch Hühnchen mit Kartoffelpüree und Gurkensalat. Das mag sie doch so gerne.«

…

»Kiki?«

…

Aufgelegt. Typisch. Würde ich dem Mädchen am Abend eben ein paar Tortellini machen. Die mochte sie auch gern.

Interview mit Herrn Wu von Lamhong, dem Asia-Imbiss neben dem Grauen Kloster:

»Können Sie sich noch erinnern, was Pauline immer bei Ihnen bestellt hat?«

»Pauline hat immer nur Reis bestellt.«

»Ohne irgendwas?«

»Nur mit Sojasauce.«

»Was haben die anderen Schüler bestellt?«

»Die meisten essen Frühlingsrollen.«

»Hat Pauline vielleicht mal erwähnt, dass ihre Mutter nicht für sie kocht?«

»Wie bitte?«

»Schon gut. Vielen Dank, Herr Wu.«

Natürlich war ich kein Helikoptervater im negativen Sinne. Ich kreiste nicht über Pauline, damit ihr nichts passierte, ich überwachte sie nicht. Ich nahm den Helikopter, um mein Kind zu retten, wenn es in Not war. Sonnenbrille auf, Lederjacke an, und los. Wahlweise mit Pferd. Indiana Jones und die Reiter der ABIkalypse.

Was essen angeht, habe ich mich selten eingemischt. Die Schule machte mir aber einfach Spaß. Ich konnte all die Fehler, die ich selbst gemacht hatte, endlich korrigieren. Der Lehrplan war ja in großen Teilen immer noch derselbe. E.T.A. Hoffmann und Bertolt Brecht, *Antigone* und *Iphigenie auf Tauris*, *Woyzeck* natürlich und *Der Fänger im Roggen*. Aber man hat natürlich einen ganz anderen Horizont, wenn man sich als Erwachsener dransetzt. Man sieht ganz andere Zusammenhänge. Man weiß ganz anders zu recherchieren. Mitunter ist man ja sogar auch schlauer als der Lehrer. Ja, Hochmut, ich weiß, den Fall hatten wir schon. Mitunter ist man ja auch nicht schlauer.

»Tenses!«, schrieb Frau Thies-Böttcher doch glatt unter Paulines brillantes Essay, das ich am Sonntagabend nach dem Tatort noch schnell korrigiert hatte. Sie war nicht nur Direktorin, sondern auch Paulines Englischlehrerin im Leistungskurs in der Oberstufe. Tenses!

Nachfrage:

»Merken Sie eigentlich, wenn Eltern zu den Hausaufgaben, sagen wir, etwas beitragen, Frau Thies-Böttcher?«

»Ja, in der Regel schon. Besonders augenfällig wird es, wenn man sich die Präsentationsprüfungen im Mittleren Schulabschluss und im Abitur anschaut. Die Kinder haben dann auf einmal auffällig unauffällige Themen wie Dietrich Bonhoeffer oder so. Es passt zufällig so gut zum Grauen Kloster. Und es ist so authentisch.«

»Tatsächlich?«

Leistungskurse – Deutsch, Englisch und ein Gavi

Mindestens einmal in der Woche saßen wir jetzt nach der Schule in der Trattoria Toscana. Wir mussten reden.

»Einemal die Spaghetti mitte Pesto, bitte, und einemal die Pizza Tonno!«

»Vielen Dank, Gianfranco. Und bringen Sie noch einen Gavi, bitte.«

Und dann wurde Tacheles geredet.

»Was wir jetzt entscheiden, Pauline, entscheidet alles. Ab jetzt zählt es. Fürs Abitur. Für den Beruf. Fürs Leben. Wer jetzt nicht strategisch denkt, muss sich später erst gar nicht mehr bewerben. Was, wenn dich der Personalchef beim Einstellungsgespräch nach deinen Abi-Leistungskursen fragt? Der Senior Vice President Human Resources! Stell dir vor, du sagst dann:

›Deutsch.‹

›Deutsch.‹ Sagt der dann.

(Pause)

›Interessant.‹ Sagt der dann. ›Und was noch?‹

›Englisch.‹

›Englisch.‹ Sagt der dann.

(Pause)

›Deutsch und Englisch also. Sehr interessant. Wir melden uns.‹

Verstehst du, Pauline? Da sitzen Bewerber, die können Mandarin und Hindi und Swahili und bereiten sich gerade auf die Prüfung in Farsi vor. Gut, du kannst immer sagen, du warst auf einer russischen Grundschule, haha, aber das wird nicht reichen, bei nur einem Tag.«

»Die Gavi, bitte sehr.«

»Gianfranco, welche Sprachen muss man können? Was meinen Sie?«

»Oh, Italiano und Deutsch sind genug. Und Farsi.«

»Farsi? Wieso Farsi?«

»Meine Sprache. Ich komme aus Iran.«

»Ich denke, Sie sind Italiener?«

»Mache ich nur die Akzent für die Gast.«

»Und in Wirklichkeit sind Sie auch Arzt?«

»Nein, ich bin gewesen Lehrer in Iran. Vor der Revolution ich bin nach Italien gegangen. Dann weiter nach Berlin.«

»Okay, Gianfranco, dann sprechen Sie jetzt auch bitte in Zukunft nicht mehr diesen schwachsinnigen italienischen Akzent. Das klang sowieso völlig aufgesetzt. Lehrer im Iran. Hm. Und heute ist es ein ›Gottesstaat‹. Das wäre natürlich auch eine Kombination, Pauline: Englisch und Religion. Und dazu noch Kunst und Sport. Ich weiß, ich weiß, klingt nach Einfach-Abi, aber eigentlich deckt es ab, was wirklich wichtig ist. Stell dir den Vice President vor:

›Religion?‹, fragt er zunächst irritiert, und du sagst:

›Die meisten Konflikte dieser Welt haben mit Religion zu tun. Wer die Welt verstehen will, muss die Religionen verstehen. Und wer sich in der Welt verständigen will, muss Englisch sprechen. Englisch und Religion sind die Schlüssel zum Verständnis unserer globalisierten Welt. Das war mir schon sehr früh klar.‹

›Interessant‹, sagt der Vice President da, ›sehr interessant.‹

›Mit Sport habe ich mich fit gehalten, und mit der Kunst habe ich mich intellektuell ausbalanciert.‹

›Interessant‹, sagt der dann, ›sehr interessant.‹«

»Ich nehme Deutsch und Englisch.« Sagte Pauline. »Und auf keinen Fall Sport und Kunst.«

»Natürlich, gute Entscheidung, keine Frage. Gianfranco, bringen Sie noch einen Gavi, bitte. Welche Grundkurse würden dem Chef denn dann wohl gefallen? Jetzt, wo er schon Deutsch und Englisch schlucken muss. Wir müssen quer denken, Pauline, anders denken. Wenn wir aus Geografie zum Beispiel Geopolitik machen. Geopolitik ist der Schlüssel zum Verständnis unserer globalisierten …«

»Auf keinen Fall Erdkunde. Herr Blechtal.«

»Auf keinen Fall Erdkunde. Religion dann wenigstens als Grundkurs, hat ja auch was von Arabistik. Dazu Latein, was auch Philosophie ist und Jura quasi auch. Und im moderneren Sinne ja auch Italienisch. Dazu dann Bio als fünftes Prüfungsfach, wir können auch sagen Biotechnologie, Neurologie, Psychologie, hochinteressante Elemente, wichtig für jeden Beruf. Das Graecum läuft ja sowieso nebenher, ist auch Philosophie und Politik, Demokratie und Geschichte, Antike und Antiquitäten … Pauline?«

»Ja, ich höre zu.«

»Das wird doch langsam was. Und wenn wir den Englisch-LK als Business-English verkaufen, Consulting, Start-up, irgend so was, und Deutsch mit Goethe, Schiller, Brecht – Brecht können wir auch rauslassen, das linke Zeugs –, runde Sache, würde ich sagen. Und dann erzählst du diesem arroganten Vize-Präsidenten: ›Jetzt pass mal auf, du Loser, ich hatte klassische deutsche Literatur, war Partner bei McKinsey, spreche Italienisch und Griechisch, habe Jura, Philosophie und Psychologie gelernt, Arabistik, Neurologie und Geschichte. Und außerdem handele ich mit Antiquitäten. Und jetzt kommst du! Mister. Vice. President. Ha! Personalchef. Dass ich nicht lache! You are fired!‹«

»Papi?«

»Ja?«

»Chill mal. Du hast zu viel Wein getrunken.«

»Was?«

»Aber die Kurse nehmen wir so. Deutsch und Englisch als LKs, Latein und Religion als Grundkurse und Bio als fünftes Prüfungsfach mit der mündlichen Präsentation. Das macht Sinn.«

»Okay, Pauline! Das ist ein Wort! Hey, wir haben deine Abiturfächer festgelegt! Give me five! Das ist ein großer Moment, mein Schatz. Once in a lifetime! Ich würde sagen, darauf …«

»… bestellen wir die Rechnung. Ich will noch chillen, bevor ich mich mit den anderen treffe.«

»Die anderen. Natürlich. Das Leben der Anderen. Haha. Du gewinnst später auch einen Oscar, das verspreche ich dir. Dafür sorge ich. Kannst du dem Personaler auch noch sagen, wenn du ihn feuerst. Oscar-Gewinnerin. Ha. Also, einen Gavi könnte ich wirklich noch.«

Die spannendste Zeit der Schule begann. Die Oberstufe. Politische Diskussionen. Philosophische Streitereien. Partys. Leider war sie gefühlt so schnell vorbei, wie ein Glas Wein leer ist. Man konnte im Grunde schon gleich den Champagner fürs Abitur kalt stellen. »Gianfranco …«

Letzte Prüfungsvorbereitung – Obama, Clinton und Tokio Hotel

Allein die Schwerpunkte in Englisch: multikulturelles Zusammenleben, Globalisierung, technologischer Wandel, der Einfluss der Medien. Alles Abi-Stoff, alles grundlegend, alles zugleich hochaktuell. Alles meine Themen!

»Schau mal, Pauline, ich hab dir mal ein paar Stichpunkte zusammengestellt. Was mir dazu so einfällt, was ich so gefunden habe. Ein bisschen was zum Querdenken!«

»Okay, Papi, aber du weißt schon, dass ich das im Griff habe? Dass ich einen Plan gemacht habe? Dass du dich nicht um alles kümmern musst? Dass ich das Abi mache und nicht du?«

»Natürlich, natürlich. Aber es sind ja genau meine Themen, verrückt! Neulich las ich von einem Arzt, der sein Abi noch mal gemacht hat mit 60 oder so und seinen Schnitt deutlich verbessern konnte!«

»Das wäre bei dir ja nicht möglich. Du hattest ja schon 1,0, hast du gesagt.«

»Das stimmt natürlich.«

»Zeig mir doch mal dein Zeugnis!«

»Tja, leider, leider ist das ja bei einem unserer vielen Umzüge abhandengekommen.«

»Natürlich.«

»Kann man nichts machen.«

»Natürlich nicht.«

»Vielleicht solltest du nicht so undankbar sein. Meine Eltern haben mir keine Tipps geben können damals. Deine Großeltern.«

»Und? Hat es dir geschadet?«

»Natürlich. Ich bin dankbar, dass sie mir ermöglicht haben, aufs Gymnasium zu gehen. Aber welche unendlichen Möglichkeiten es gibt, hat mir keiner gezeigt. Stipendium, Erasmus-Programm, hatten wir ja alles nicht. Erasco hatten wir, Doseneintopf. An der Bundeswehr-Uni Philosophie studieren. Auf solche Ideen hat uns keiner gebracht. Schräg und quer denken. Wir haben nur überlegt, wie wir uns am schlausten vor der Bundeswehr drücken können. Dafür ging die ganze Fantasie drauf.«

»Ich gehe nicht zur Bundeswehr.«

»Und Lufthansa-Pilotin? Plus Diplomaten-Ausbildung?«

…

»Hoteldirektorin? Mit Nautikstudium!«

…

»Irgendein Beruf, der dich um die Welt führt?«

»Dann werde ich Auslandskorrespondent so wie du und berichte aus gefährlichen Kriegsgebieten.«

»Sehr witzig.«

»Dann wird es wohl doch Hollywood werden.«

»Gut, jetzt machen wir erst mal Abitur … also, hier sind die Stichpunkte zur Vorbereitung. Ein paar Raketen fürs Feuerwerk. Kannst du abschießen, wenn du sie brauchst. Hör mal zu, nur ein paar Ausschnitte:

Thema Globalization zum Beispiel: *Globalization is not a new phenomenon. In fact, globalization began when the first human beings migrated from Africa to Asia and Europe!* Was sagst du dazu? Ist noch keiner drauf gekommen! Römisches Reich, Kolonialzeit, alles Globalization. *The Digital Revolution, of course, is the latest and biggest step in the everlasting process of globalization.*

Fahrenheit 451 von Ray Bradbury. Tolles Buch, Abi-Stoff und super aktuell! *Bradbury predicted the development of the media in remarkable precision.* Um die Massen zu erreichen, wurde alles immer simpler. Zitat: *›Books, radio, television, newspaper articles – everything was cut down and sped up: Politics? One column, two sentences, a headline! … Everything bang, boff, and wow!‹* Und das 60 Jahre vor Twitter!

Und dann Gatsby und der American Dream natürlich. Da kannst du eine schöne Zeitreise bis zu Obama machen. Wir haben Obamas Antrittsrede in einem kleinen blauen Büchlein im Regal oben stehen, falls du sie dir noch mal komplett durchlesen willst!

Pauline?

21. Januar 2009. Ich sehe noch alles vor mir. Ich saß stundenlang vor dem Fernseher. Der Tag der Amtseinführung. Es war eiskalt in Washington, aber der Himmel war strahlend blau. Michelle hatte eine Hand auf

Obamas Schulter. Sie trug grüne Handschuhe. Falls du es mit ein paar Details authentischer machen willst! Das hat ihren Mann wohl nervös gemacht, er hat sich glatt versprochen beim Amtseid. Aber dann – ein historischer Gänsehautmoment. Zitat Obama:

A man whose father less than 60 years ago might not have been served at a local restaurant can now stand before you to take a most sacred oath.

Der amerikanische Traum, Pauline! Jeder kann es am Ende schaffen. Yes, we can!«

Na ja. Ich hab es als Journalist nicht geschafft, ein Interview mit Obama zu bekommen. Hat sich leider nie zurückgemeldet auf meine Mails und Briefe. Selbst den Papst kann man besser erreichen.

»Weißt du noch, Pauline, Ostern in Rom?«

»Hä, wie kommst du jetzt auf Rom?«

Ich hatte unbedingt zur Ostermesse auf den Petersplatz gehen wollen. Kiki sagte:

»Auf der Homepage des Vatikan steht, man soll einfach ein Fax schicken.«

»Als ob ich einfach ein Fax zum Papst schicke und dann schickt er mir Karten …«

»So steht's hier.«

Na gut, ich steckte also einen Brief zu Hause in unser Faxgerät, das irgendwo verstaubt hinter einem Sofa stand, und bat darin um drei Karten für Urbi et Orbi am Ostersonntag. Dann Senden gedrückt und ab nach Rom. Und im Vatikan beim Papst kam das Fax dann wieder raus. Was für eine Schnapsidee.

Eine Woche später piepte es hinter dem Sofa. Fax aus dem Vatikan.

Sehr geehrter Herr Kausch, freuen uns ... drei Karten hinterlegt ... Karsamstag abholen ... melden Sie sich bei der Schweizer Garde am Bronzetor. Herzliche Grüße, Monsignore Soundso.

Der Papst hatte uns gefaxt. Am Bronzetor wurde ich dann tatsächlich empfangen, in eine große leere Halle geführt, da saß ein kleiner Mann am Schreibtisch, vor sich einen Schuhkarton voller weißer Kuverts. »Kausch, Kausch ... da haben wir es. Drei Karten für Signore Kausch. Gesegnete Ostertage.« Unglaublich, oder besser: mein Gott. Fax vom Papst, yes, he can.

»Also, Pauline, der amerikanische Traum. Weißt du noch, als wir kreuz und quer durch die USA gefahren sind? Dallas?«

»Du meinst den Schulbuchverlag, in dem der Typ sich versteckt hatte, um Kennedy zu erschießen.«

»Lee Harvey Oswald.«

»War ein mulmiges Gefühl, da oben an exakt dem Fenster zu stehen, von dem aus er geschossen hat.«

»Das könntest du mit einfließen lassen, wenn es sich in der Klausur anbietet. Sehr authentisch! Und dass George W. Bush in Dallas in einer Sackgasse wohnt und da hoffentlich nie wieder rauskommt. Ha. Guter Gag. Würde ich bringen. Und dass Los Angeles sehr aufregend ist und du in dem Hotel gewohnt hast, in dem *Pretty Woman* gedreht wurde! Das ist ja nun wirklich die Verfilmung des American Dream schlechthin! Obwohl wir in einem kleinen Mietwagen ankamen, wurden wir empfangen wie Julia Roberts und Richard Gere mit ihrer Tochter.«

»Hatten die eine Tochter?«

»Natürlich hatten die keine Tochter. Jedenfalls fühlten wir uns auch so, und ich sah auch aus wie Richard Gere. Und deine Mutter wie Julia Roberts. Und du wie Shirley Temple.«

»Shirley wer?«

»Vanessa Hudgens dann eben. Der American Dream jedenfalls. Bill Clinton gehört auch dazu! Ein Niemand aus Hope in Arkansas am Ende der Welt wird US-Präsident und man verzeiht ihm alle Sünden. Hast du eigentlich seine Einladung noch?«

»Klar.«

To Pauline – when you return to the US, visit me! Bill Clinton, 27 March 06. Hatte ich nach einem Auftritt bei einer UN-Veranstaltung besorgt.

»Das kannst du auf jeden Fall schön locker irgendwo einfließen lassen. Einladung von Bill Clinton. Schreib ruhig: Freund deines Vaters.«

»Ja, klar, mache ich. Soll ich Clinton nicht rauslassen und einfach nur über dich schreiben?«

»Meinst du, das ginge? Dann kannst du auch schreiben, dass ich dir ein Autogramm von Frau Merkel besorgt habe.«

»Kriegt man auch bei Ebay, 5,99 Euro.«

»Wie undankbar. Und das von Tokio Hotel?«

»Peinlich.«

»Jetzt auf einmal! Peinlich war das ja wohl höchstens für mich. Ich saß neben dieser coolen Schauspielerin, irgendeine Preisverleihung, sie hing mir an den Lippen. Mogadischu 93, ich machte gerade auf den Harrison, da setzten sich Tokio Hotel an den Nachbartisch, und wie im Reflex ging ich sofort zu ihnen und holte ein Autogramm für dich. Indiana Jones holte sich ein Autogramm von Tokio Hotel! Als ich zurückkam, war sie natürlich weg.«

»Peinlich.«

»Ach ja. Und das von Alexandra Neldel. *Verliebt in Berlin.*«

»Peinlich.«

»Alexander Klaws. Erster Sieger von DSDS?«

»Oh, Gott, was du angeschleppt hast!«

»Jimmy Blue Ochsenknecht?«

»Nein!«

»Hatte ich auch gefälscht. Wäre selbst mir zu peinlich gewesen, den Jungen um ein Autogramm zu bitten.«

»Das war mal mein Lieblingsautogramm! Als wilden Kerl haben wir ihn alle geliebt.«

»Also doch. Na gut, ich muss jetzt los, mein Schatz, für die Deutschprüfung schick ich dir nachher noch ein paar Infos per Mail. Hab schon was vorbereitet.«

»Ach was! Tatsächlich? Wer hätte das gedacht.«

Von: Thomas Kausch
An: Pauline Kausch
Betreff: Büchner

200 Jahre Georg Büchner: Du bist ein starkes Echo – *ZEIT ONLINE*

http://www.zeit.de/2013/42/georg-buechner-200-jahre

Von: Thomas Kausch
An: Pauline Kausch
Betreff: Büchner II

Revolutionär mit Feder und Skalpell – Vor 200 Jahren wurde Georg Büchner geboren – *Deutschlandradio Kultur*

http://www.dradio.de/

Von: Thomas Kausch
An: Pauline Kausch
Betreff: Büchner III

Ein überaus epischer und dramatischer Trailer zu Werner Herzogs *Woyzeck* von 1979. Mit Klaus Kinski als Woyzeck und Eva Mattes als Marie.

https://www.youtube.com/watch?v=aQj1pCvFdR4

Von: Pauline Kausch
An: Thomas Kausch
Betreff: Aw: Büchner III

STOOOOOPPPPPP!!!!!

Von: Thomas Kausch
An: Pauline Kausch
Betreff: Freiwilliges Soziales Jahr

http://www.kulturweit.de/programm/rechtliche_rahmenbedingungen/freiwilliges_soziales_jahr_im_ausland.html

Von: Pauline Kausch
An: Thomas Kausch
Betreff: Aw: Freiwilliges Soziales Jahr

Hä??? Was soll das denn jetzt?

Von: Thomas Kausch
An: Pauline Kausch
Betreff: Aw: Aw: Freiwilliges Soziales Jahr

Bin ich grade drübergestolpert. Du hattest dich doch mal dafür interessiert, ein freiwilliges soziales Jahr im Ausland zu machen! Das hier wird vom Außenministerium unterstützt. Klingt gut. Schau dir mal die Homepage an.

Von: Pauline Kausch
An: Thomas Kausch
Betreff: Aw: Aw: Aw: Freiwilliges Soziales Jahr

Schick mir nichts mehr zu Büchner, bitte! Ich werde mich in Deutsch nur auf Nathan vorbereiten. Der wird auf jeden Fall in der Prüfung dabei sein.

Von: Thomas Kausch
An: Pauline Kausch
Betreff: Aw: Aw: Aw: Aw: Freiwilliges Soziales Jahr

Nathan, alles klar! Kommt! Weißt du noch, als wir in Jerusalem waren? Da hat Kiki doch ein Foto vom dem Mädchen gemacht, das nicht zur Klagemauer durfte und stattdessen an einem Zaun stand und betete. So viel zum Thema Toleranz, um das es ja bei Nathan geht. Sie funktioniert nicht mal innerhalb der einzelnen Religionen immer, geschweige denn zwischen Christentum, Judentum und Islam.

Du könntest die Klausur natürlich mit 9/11 einleiten. So in etwa:

New York, 11. September 2001. Die Welt hält den Atem an. Zwei Flugzeuge rasen in das World Trade Center. Der Trümmerhaufen an der Südspitze Manhattans wird auch zu einem Ground Zero der Religionen. Denn mit den Anschlägen kehrte die Religion zurück in die Konflikte der Welt. Die große Frage, die sich seitdem stellt, ist diese: Lässt sich der religiöse Toleranzgedanke Nathans jemals wiederbeleben? Dazu müssen wir ihn zunächst analysieren.

AnalyseAnalyseAnalyse

Wie findest du das?

Von: Thomas Kausch
An: Pauline Kausch
Betreff: Aw: Aw: Aw: Aw: Freiwilliges Soziales Jahr

Pauline? Wieso antwortest du nicht?

Ich griff zum Telefon.

»Hast du meine Anmerkungen bekommen, Pauline? Wieso meldest du dich nicht? Was hältst du davon?«

»Ja, schön. Aber ich hab keine Zeit, alle deine Mails zu beantworten. Ich muss mich auch noch um Bio kümmern.«

»Was ist mit Latein und Reli?«

»Läuft.«

Jetzt auch noch Scientology

Bio also. Immer schon die letzte Hoffnung für naturwissenschaftliche Legastheniker. Bio allerdings als fünfte Prüfungskomponente. Das hieß mündliche Präsentation, zwei Schülerinnen, selbstgesetztes Thema, fachübergreifend. Das hieß, da konnte man sich was Schräges einfallen lassen. Darwin und das viktorianische England. Zum Beispiel. Also Bio und Englisch. Oder: Evolution kontra Schöpfungsgeschichte, Bio und Religion, auch eine Möglichkeit. Kommt natürlich jeder drauf.

Plötzlich fiel Pauline die Hypnose wieder ein, zu der Kiki sie geschickt hatte, die teure, an die sie nicht wirklich geglaubt hatte. Könnte man irgendwie nachweisen, ob Hypnose tatsächlich funktioniert? Neurobiologisch? Und wenn ja, wie weit kann man Menschen damit manipulieren? Was ist mit Scientology, stimmt es, dass die Hypnose einsetzen? Wie kann man pseudoreligiöse Trancezustände erzeugen? Schön kompliziertes Thema zwischen Biologie und Religion. Kaum Literatur vorhanden, alles sehr umstritten, kann man erzählen, was man will, weil auch kein Lehrer darüber Bescheid weiß. Es war: das perfekte Thema!

Von: Thomas Kausch
An: Pauline Kausch
Betreff: Sapere aude

Genial, Pauline! Das perfekte Thema! Genau daran hatte ich auch schon gedacht! Gut, dass ich dich damals zu der Sitzung geschickt habe. Kannst deinen Vortrag gleich mit Kant beginnen und Eindruck schinden. Schau mal, was er geschrieben hat:

Eines Nachts jedoch, als ich vor Schmerzen aufwachte und sie nicht länger ertragen konnte, bediente ich mich des Mittels der Stoiker, sich auf unterschiedliche Gegenstände des Denkens zu konzentrieren, wie etwa des Namens Cicero mit seinen mannigfaltigen Gedankenverbindungen; auf diese Weise wurde es mir möglich, meine Aufmerksamkeit zu zerstreuen, so dass der Schmerz bald gedämpft war.

Das ist nichts anderes als Meditation, autogenes Training, Selbsthypnose! Ich sag's mal mit Kant: Sapere aude, habe Mut, dich deines eigenes Verstandes zu bedienen!

Von: Pauline Kausch
An: Thomas Kausch
Betreff: Aw: Sapere aude

In vino veritas.

Von: Thomas Kausch
An: Pauline Kausch
Betreff: Aw: Aw: Sapere aude

Das ist das Ergebnis von acht Jahren Latein?!

Von: Pauline Kausch
An: Thomas Kausch
Betreff: Aw: Aw: Aw: Sapere aude

In dubio pro reo.

Noch machte das Kind Scherze.

Anruf von Pauline:

»Papi, wir gehen heute Nachmittag in die Scientology-Zentrale in Berlin.«

»In die Zentrale? Machst du Scherze? Das kommt überhaupt nicht in Frage, ihr kennt doch die Geschichten! Die fangen euch ein, und dann seid ihr weg!«

»Wir müssen da recherchieren. Sonst haben wir nichts. Es gibt nicht genug Literatur. Die bestreiten ja, dass sie Hypnose anwenden. Deshalb machen wir den Persönlichkeitstest. Die haben auch so eine Art Lügendetektor.«

»Seid ihr verrückt? Ihr macht keinen Lügentest bei Scientology!«

»Authentizität. Sagst du doch immer.«

…

»Papi?«

»Ja, ich habe gerade meine Kollegen gefragt im Büro, alle winken ab.«

»Die werden uns schon nicht gleich entführen.«

»Die waschen euch das Hirn, und dann bleibt ihr freiwillig da.«

»Quatsch.«

…

»Papi?«

»Ja, ja, ich überlege gerade, ich überlege. Wenn ihr es ganz offen macht, also nicht Pauline Wallraff undercover, wenn ihr sagt, wie es ist, dass ihr vom Grauen Kloster seid, eure Abi-Präsentation zu dem Thema macht und euch selbst anschauen wollt, wie es bei Scientology zugeht, statt Vorurteile und Stereotypen aus dem Internet abzuschreiben … usw. Hm.«

»Mit unseren richtigen Namen?«

»Ganz offen, dann wissen die, dass die Schule Bescheid weiß, dass die Eltern Bescheid wissen, dann werden sie sich nicht trauen, euch in der Sekte verschwinden zu lassen. Mit Ehrlichkeit könnte es gehen. In eure Telefonnummern kann natürlich aus Versehen ein Zahlendreher rutschen.«

»Ehrlichkeit, aha.«

»Dann habt ihr 15 Punkte in der Prüfung sicher, allein für euren Mut und Einsatz. Eigentlich ist das eine ziemlich gute Idee, Pauline. Wann soll's losgehen?«

»Der Termin ist um drei.«

»Okay, ihr macht das. Und deiner Mutter sagen wir erst mal gar nichts davon.«

Meine Tochter. Was für ein Haudegen! Die Tochter von Harrison Ford. Traute sich in die Höhle des Löwen. Ich musste an Albanien denken, 97, als ich mit meinem Team … aber die Geschichte wollte keiner hören, als wir abends in der Küche saßen und Pauline von ihrem Abenteuer bei den Scientologen erzählte. Kiki war sehr sauer.

»Wir wollten dich nicht beunruhigen!«

»Ihr wolltet nicht, dass ich es verbiete!«

»15 Punkte!«

»Unverantwortlich. Und die Punkte hat sie noch nicht.«

»Soll ich jetzt erzählen?«

»Ja.«

»Ja!«

»Wo soll ich anfangen? Also, das Scientology-Haus ist echt groß. Ein bisschen Schiss hatten wir schon. Die Tür ging auf, irgendwie von selbst, ohne dass sie jemand aufgemacht hatte. Und wir sind dann rein. Der Raum sah aus wie eine Hotellobby. Aber überall hingen Bilder von diesem L. Ron Hubbard, dem Scientology-Gründer, und seine Bücher standen auch überall. Die gesamte Einrichtung wurde von Leuchtern angestrahlt, wie in einem Museum. Der Mann an der Rezeption hatte lange fettige Haare. Und einen Pferdeschwanz. Das machte es nicht besser.

›Habt ihr einen Termin?‹ Fragt der Pferdeschwanz.

›Ja, um drei Uhr.‹ Sage ich.

Wir sollten warten, meinte er, weil im Moment alles voll sei. Dabei sah man keinen Menschen. Alles war still, kein Publikumsverkehr, nichts. Zehn Minuten warten, einfach nur, damit man immer unsicherer wurde.«

»Hattet ihr Schiss?«, wollte Kiki wissen.

»Ja, hatten wir. Hab ich doch schon gesagt. Dann kamen zwei Frauen. Eine in einem beigen Kostüm, blonde Kurzhaarfrisur, die andere brünett in einem blauen Hosenanzug, Sparkassenlook, ganz normale Businessfrauen. Die Beige sagte, dass sie sich über unser Interesse an Scientology freuen würde. Dann führten sie uns in einen großen Raum. Da hingen auch überall Bilder von Hubbard.

›Setzen Sie sich.‹ Sagt die im Hosenanzug.

Wie bei einer Klausur wurden wir ein Stück weit auseinandergesetzt. Dann bekam jede einen Fragebogen. Mit 200 Fragen. Mit Ja, Nein oder Weiß nicht zu beantworten. Die Oxford-Persönlichkeits-Analyse.«

»Oxford?« Kiki entspannte sich ein bisschen.

»Hat mit der Universität nichts zu tun, soll nur Vertrauen erwecken.«

Kiki verspannte wieder. »Was fragen die da?«

»Ob man häufig unbesonnene Bemerkungen oder Anschuldigungen macht, die einem später leidtun, zum Beispiel.«

»Du hast doch nicht wahrhaftig geantwortet?« Kiki fasste es immer noch nicht.

»Wenn man rausfinden will, wie die vorgehen, muss man schon erst mal mitspielen. Auch wenn die Fragen echt merkwürdig waren.

Haben Sie das Gefühl, dass Leute Sie ansehen oder sich hinter Ihrem Rücken über Sie unterhalten?

Haben Sie ab und zu ein Zucken in den Muskeln, auch wenn nicht direkt ein Grund dafür vorhanden ist?

Würden Sie die notwendigen Schritte unternehmen, ein Tier zu töten, um es von Schmerzen zu befreien?«

»Fiese Fragen!« Langsam fand Kiki es interessant.

»Und so weiter und so fort:

Sind Sie der Ansicht, dass Sie viele gute Freunde haben? Lautet die letzte Frage. Ziemlich platt, was soll man da antworten:

Nein, ich habe nicht viele gute Freunde. Kann ich vielleicht bei Ihnen welche finden?

Die beiden Frauen haben den Fragenkatalog dann jedenfalls wieder eingesammelt. Und während er ausgewertet wurde, mussten wir – unter Beobachtung – ein Video über Hubbard schauen. Hätte von Leni Riefenstahl sein können. Oder aus Nordkorea. Reine Propaganda. Und jetzt kommt's:

›Ist das der Lügendetektor?‹, frage ich die Aufpasserin.

›Wir arbeiten nicht mit Lügendetektoren. Das ist ein E-Meter. Das hilft Ihnen bei der Einordnung Ihrer Emotionen. Wollen Sie es ausprobieren?‹«

»Was hast du gesagt?«

»Ja klar. Dann hat sie mir gezeigt, wie ich die Elektroden in den Händen halten soll. Und mir Fragen gestellt. Wie alt ich bin, zum Beispiel. Und sie hat erklärt, die Elektroden würden den elektrischen Widerstand meines Körpers messen und dadurch würden irgendwelche Störungen bei mir sichtbar werden. Und ob ich mich gerade wohl fühlen würde, wollte sie wissen.«

»Was für eine blöde Frage!« Kiki regte sich wieder auf.

»Ja, ich hab der Frau dann auch gesagt, dass ich aufhören will.«

»Du hast abgebrochen?« Das konnte ich nun nicht verstehen. »Wieso das denn? Was hat die Frau gesagt?«

»Sie sagte nur, wir könnten ein anderes Mal weitermachen. Kannst du ja dann machen, Papi, wenn du so cool bist.«

»Ich bin Journalist. Da recherchiert man die Dinge zu Ende.«

»Ja, ja.« Kiki.

»Hört mal weiter zu. Die Auswertung des Fragebogens war dann interessant. Machte so ein Typ im grauen Anzug an einem Schreibtisch, Einzelgespräch in einem anderen Raum. Weißes Hemd, Krawatte, Kurzhaarschnitt, Typ gepflegter Versicherungsvertreter. Wir sind ganz normale Leute, das wollen die einem signalisieren, und freundlich und mitfühlend sind wir auch. Er schaute auf das Diagramm, das angeblich aus meinen 200 Antworten erstellt worden war, und seufzte. Er hat unter meinem schlechten Ergebnis anscheinend wirklich gelitten.

›Da sind ganz große Schwächen im Bereich Selbstbewusstsein und Organisation.‹ Sagt der graue Anzug.

Ich sage: ›Aha.‹ Was sollte ich auch sonst sagen?

›Haben Sie damit gerechnet?‹

›Nein. Das sind eigentlich meine Stärken.‹

›Ja, das wird oft angenommen. Eine unterbewusste Selbsttäuschung. Deshalb ist unser Test so wichtig. Aber bei Ihnen ist die Täuschung schon in einem Ausmaß sichtbar, wie wir es selten hatten. Sehen Sie hier, wie die Kurve von der Normallinie abweicht? Aber Sie müssen sich keine Sorgen machen. Wir können das hinkriegen.‹

›Ja, ich weiß nicht, aber mir geht's ja eigentlich ganz gut.‹

›Das bilden Sie sich nur ein.‹

Hat der wirklich gesagt. Da zog ich dann die Reißleine.

›Wie gesagt, wir sind von der Schule hier, weil wir uns für unsere Prüfungspräsentation aus erster Hand informieren wollen. Ich werde jetzt nicht bei Scientology eintreten.‹

Die Stimmung wurde sofort frostig. Er sagte nur noch, dass man mich dann hinausbegleiten würde.«

»Das war's?« Kiki und ich hingen an Paulines Lippen.

»Ja, das war's. Danach waren wir schon ziemlich gestresst. Wir wussten ja nicht, wie es ausgeht. Die waren wirklich einschüchternd. Wir haben uns erst mal eine Packung Donuts gekauft.«

»Donuts sind natürlich nicht so gut, Pauline«, warf ich sofort ein.

»Ist gut, Thomas, deine Scheinheiligkeit kannst du dir sparen.« Kiki war immer noch sauer auf mich.

»Wie auch immer«, sagte ich fröhlich zu den beiden, »es hat funktioniert. Hab ich doch wieder den richtigen Riecher gehabt!«

»Haha. Das war meine Idee.« Pauline.

»Das ganze Hypnose-Thema ist ja wohl von mir.« Kiki.

Auf einmal wollten alle was von den 15 Punkten abhaben. Zwei Wochen später war die Präsentation. Die Prüfer in der Schule hörten den Mädchen natürlich genauso gespannt zu wie wir.

»Das war ein sehr beeindruckender Einsatz. Habt ihr Angst gehabt?«

»Nein, gar nicht. Aber auch wenn die Propaganda durchschaubar ist, kann man sehr gut nachvollziehen, dass ein Mensch mit einem wirklichen Problem schwer verunsichert werden kann und die angebotene ›Hilfe‹ annimmt. Beängstigend ist, wie normal und zugleich professionell die Mitarbeiter wirken.«

»Sehr beeindruckender Einsatz.«

»Inwieweit tatsächlich Hypnose eingesetzt wird, um Menschen zu manipulieren, ließe sich natürlich nur beim tatsächlichen Eintritt in die Sekte klären. So weit wollten wir allerdings nicht gehen. Wir sind stattdessen erst mal ein paar Donuts essen gegangen.«

»Die habt ihr euch verdient. Und 15 Punkte. Sehr gut. Vielen Dank. Ihr könnt gehen.«

So glatt war es gelaufen, erzählte Pauline hinterher. Die Note wurde gleich mitgeteilt. Was für ein schönes kleines Tischfeuerwerk sie da abgebrannt hatten. Hatte wunderbar von den schwierigeren naturwissenschaftlichen Bereichen abgelenkt.

»Und das war ja nun wirklich mein genialer Plan gewesen!«

»Ein Ablenkungsmanöver. Wow. Da muss man erst mal drauf kommen.« Kiki, natürlich eifersüchtig.

»Kriegst einen Punkt ab.« Pauline. Gespielt gönnerhaft. In Wirklichkeit natürlich unendlich dankbar für all meine guten Ideen.

Der große Tag

Auf die anderen Prüfungsergebnisse mussten wir allerdings noch warten.

Und warten. Und warten. Und in Gedanken noch mal alles durchgehen.

»Hast du eigentlich in Deutsch den Anfang mit 9/11 benutzt, den ich dir vorgeschlagen hatte?«

»Nee, das hat sich nicht angeboten.«

»Aber es wäre doch ein so origineller Einstieg gewesen. Niemand käme darauf, Nathan mit 9/11 zu verbinden.«

»Eben.«

»Was ist mit Obamas Antrittsrede? Der Gänsehautmoment, wo er sagt, hier steht ein Mann, dessen Vater vor nicht mal 60 Jahren im Restaurant nicht bedient worden wäre. Und die grünen Handschuhe von Michelle. Konntest du das denn einbauen?«

»Das hätte ein bisschen weit weg geführt. Ich bin lieber direkt bei Gatsby geblieben.«

»Aber Gatsby ist doch der American Dream! Und der American Dream ist Obama!«

»Ich fand es besser, in der Zeit zu bleiben.«

»Aber es ging doch gerade ums Querdenken! Globalization? Dass es die immer schon gab?

»Globalization war ja kein Thema.«
»Fahrenheit und Twitter?«
»Nee, kein Thema.«
»IRGENDwas von dem, was ich dir als Hintergrundmaterial zusammengestellt hatte?«
»Kikis Foto von dem Mädchen in Jerusalem, das nicht mit den Männern beten durfte. Das hab ich beschrieben und wie die Situation an dem Tag dort war. Und wie Kiki es gemacht hat und es mir erklärt hat und die ganze Polizei dort und die Soldaten. Das passte perfekt, und es war der richtige Ort, Jerusalem, wo Nathan ja auch spielt, nicht New York.«
»Das Foto von Kiki hast du beschrieben.«
»Ja, das passte gut.«
»Das passte gut.«
»Ja.«
»Und was sie dir alles erklärt hat.«
»Ja.«
»Nichts von mir?«
»Nein, das passte nicht gut.«
»Das passte nicht gut.«
Und warten. Und warten.
Nicht zu fassen. Ich lerne 18 Jahre mit dem Kind. Bringe alles von mir ein. Quergedanken, Tiefenanalyse, Bananen, geschnibbelt, fest, nicht glitschig, und von Kiki kommt mal eine SMS aus Hongkong oder Shanghai: »Shooting läuft super«, »Vernissage war toll«.

Wie ich die Strecke zum Krankenhaus immer wieder getestet habe. Und meinen Oldtimer anschließend verkaufte, weil er keine Gurte für den Maxi-Cosi hatte. Der ganze Geburtsstress, die Reise nach Ischia, der Ärger nach Falcos Tod bei Ikea.

Wie ich die Karriere mit Grönemeyer sausen ließ, um Klassen mit Luftschlangen zu schmücken. Mütter auf meinen Erfolgskurs einschwor, trotz der Hageren. Und mich selbst von russischen Bodyguards nicht aus der Ruhe bringen ließ. Und Müttern in Overknee-Stiefeln. Und all die toten Läuse.

Wie ich Pauline ins beste Gymnasium Berlins brachte und mir gleich die Schuhe versaute beim Kennenlern-Fußballspielen. Das ganze Sicherheitsnetz, das ich spannte. Golf, Tennis, die Kirche, die Schule, damit sie keine Drogen nahm. Und wie ich Kiki noch zwischendurch zur Fotografin machte. Jeder weiß das doch!

Tokio-Hotel-Autogramme! Und was ist mit den Geburtstagspartys, die Buletten, die gestohlen wurden und die ich mal eben zurückbesorgte? Der schwarze Porsche Targa, das Haus in der Toskana. Hab ich alles sausen lassen, weil Pauline auf der schweren Schule blieb. Thomas von Höhenstein, selbst meinen Namen gab ich auf. Und all die Tage, Nächte, Wochen, die Abi-Vorbereitung. Michelle Obamas grüne Handschuhe. Es war einfach nicht zu fassen.

Es passte nicht gut. Kikis Foto passte besser.

Und warten.

Vier Wochen nach der letzten mündlichen Prüfung wurden die Ergebnisse endlich bekanntgegeben. Im Forum des Grauen Klosters. Alle Schüler waren da.

Keine Eltern. Die sollten zur offiziellen Verleihung kommen.

Keine Eltern! Hallo? Kein einziger Vater, der vor der Schule wartete? Mit einem Blumenstrauß in der Hand? An diesem großen Tag seiner Tochter? Aber selbstverständlich wartete da – einer.

»Danke, Papi, du bist süß. Aber das ist hardcore peinlich! Heute ist ohne Eltern.«

»Herzlichen Glückwunsch, mein Schatz!«

»Danke.«

»Und? Sag schon!«

»1,7.«

»1,7! Halleluja! Lass dich umarmen! Meine Tochter!«

»Papi, bitte.«

»1,7! Ein Einser-Vater!« Tränen schossen mir in die Augen. »Jetzt kannst du's ja sagen: Am Ende waren es doch all meine Tipps, die dich gerettet haben, oder?«

»Natürlich, Papi, all deine Tipps.«

»Wusste ich's doch!«

»Natürlich. Und jetzt kannst du es ja auch sagen. Was hattest du wirklich für eine Note im Abi?«

»Heute ist dein großer Tag, mein Schatz, nicht meiner.«

»Sag schon?«

»Ach, komm, ich will dir hier nicht die Schau stehlen.«

»Sag es!«

»0,3.«

»Bitte?!«

»0,3. Auf dem Zeugnis steht 3,0, aber das ist ein Zahlendreher. Hätte ich längst mal korrigieren lassen sollen.«

»3,0! Das ist kein Abi-Schnitt, das ist das Ticket in die Gosse! Warst du auch mal im Jugendknast? Was kommt noch alles heraus?«

»Es waren ganz andere Zeiten damals. Wir hatten ja nichts. Ich musste neben der Schule noch arbeiten. Als ich mein Abiturzeugnis bekam, jobbte ich in einer Plätzchenfabrik. Zur Verleihung bin ich in Bäckerhose gegangen, mit Mehl im Haar. So war das damals. Keine Blumen, kein Champagner. Wir hatten doch nichts.«

»Mir kommen die Tränen. Ich glaube, es war euch einfach nicht wichtig. Weil man auch mit schlechtem Abitur viele Sachen studieren konnte.«

»Mein Uni-Examen war sehr, sehr gut.«

»Ja, komisch, das Zeugnis ist nicht verlorengegangen.«

Es war ein wunderbarer Nachmittag. Wir tranken Champagner, alles war gut. Und natürlich ging mir Rousseau durch den Kopf:

Ein Kind wird von einem vernünftigen, wenn auch, was die Kenntnisse betrifft, etwas beschränkten Vater besser als von dem geschicktesten Lehrer der Welt erzogen werden.

Voilà. Pauline war eine selbständige, selbstbewusste und selbstverständlich sehr schöne junge Frau geworden. Sympathisch, empathisch, verantwortungsvoll.

Klug und natürlich entscheidungsstark. Sie war eindeutig die Tochter von Harrison Ford.

Damit war nur noch zu klären, wer mein Nachfolger als engagiertester und beliebtester Vater der Schule werden könnte. Das war natürlich die große Frage, die sich alle Lehrerinnen und Mütter stellten. Es drohte ja eine große Leere. Martin Sonneborn, der ehemalige *Titanic*-Chefredakteur war kurzzeitig im Gespräch, es ging wohl das Gerücht um, er würde seine Nachkommen ebenfalls auf das Graue Kloster schicken. Inzwischen sitzt er allerdings als einziger Abgeordneter der Partei *Die Partei* im EU-Parlament in Brüssel. Aus Versehen sozusagen, er war ja nur aus Gag angetreten. Auf meine Frage, ob er sein Kind eventuell aufs Graue Kloster schicken würde, um mein Nachfolger zu werden, schrieb er:

Lieber Thomas Kausch,

durch eine unglückliche Verkettung von Umständen und Wahlergebnissen ist es letztendlich doch erst mal eine Schule in Brüssel geworden … Respekt fürs Abitur der Tochter!

Viele Grüße aus Europa,

Martin Sonneborn

Schade, das wäre sicher lustig geworden. Stattdessen wurde ein Arzt zum Gesamtelternsprecher gewählt. Ein Amt, das ich nie gebraucht hatte. Dr. Kurepkat. Klar, Ärzte wählt jeder. Aber konnte er wirklich in meine Fußstapfen treten? Waren die nicht etwas zu groß? Ich schickte ihm einen Fragebogen:

Haben Sie sich von Anfang an vorgenommen, Ihre Töchter zu verwöhnen?

»Von Anfang an.«

Würden Sie die Hausaufgaben für Ihre Töchter ganz oder teilweise übernehmen, wenn die in einer »Notlage« wären?

»Not kennt kein Gebot.«

Sind Sie bei den Lehrerinnen in der Schule beliebt?

»Sehr. Zumindest bei den inspirierten.«

Und bei den Müttern?

»Sehr. Zumindest bei den entspannten.«

Haben Sie als Kind zwei oder drei Streifen an den Turnschuhen gehabt?

»Sowohl als auch. Ich kenne das Yin und Yang des Markenimages.«

Welches Mofa fuhren Sie?

»Das von Barbara.«

Haben Sie immer ehrlich angezeigt, wenn Ihre Töchter Läuse hatten?

»Immer. Ich bin doch Arzt.«

Haben Sie ein Sicherheitsnetz für Ihre Töchter gespannt, um sie vor Drogen und anderen schlechten Einflüssen zu schützen? Haben Sie zusätzlich zur Schule zum Beispiel über eine Mitgliedschaft in einem Golfclub, einem Tennisclub und einer Kirchengemeinde nachgedacht?

»Selbstverständlich. Und nicht nur ein Sicherheitsnetz. Wenn ich mich an meine Konfirmandenzeit erinnere, bin ich allerdings nicht sicher, ob die Kirchengemeinde das stärkste Glied in der Abwehrkette ist.«

Fahren Sie einen schwarzen Porsche Targa?

»In Gedanken. Ich flitze damit am Comer See lang, um noch schnell Fenchelsalami zu besorgen, weil abends wieder Uma Thurman und Grigori Sokolow zum Toben im Pool kommen.«

Hält Ihre Frau Ihr Engagement für Ihre Töchter für übertrieben?

»Meine Frau ist Stoikerin.«

Mit welchem Wahlprogramm wurden Sie Elternsprecher?

»Jetzt ich.«

Gibt es hagere Mütter, die Ihnen verbittert Steine in den Weg legen wollen?

»Es gibt solche Mütter, nur hager sind sie nicht.«

Was haben Sie als Elternsprecher erreicht?

»Wir sprechen nicht mehr auf jeder Sitzung darüber, dass man die Kinder nicht zur Straßenseite aus dem SUV aussteigen lassen soll. Sonst eigentlich gar nichts.«

Kennen Sie Manni Bertel?

»Ich kenne zum Glück gar keinen Manni.«

Immerhin, das war ja ein Ansatz. Der Mann schien Potenzial zu haben.

Das Kleid für den Abi-Ball suchten Pauline und ich dann gemeinsam aus, genauso wie ich es mir 18 Jahre zuvor erträumt hatte. Den Tanzpartner suchte sie sich allerdings selbst. Aber ein Vater muss ja auch loslassen können. In großer Ausgeglichenheit bereite ich mich auf das Studium vor.

Danke

… an alle Lehrer mit Herz und Verstand

SOPHIE SEEBERG

DER MAIK-TYLOR VERTRÄGT KEIN BIO

Neues aus dem Alltag einer Familienpsychologin

Wo ist hier die versteckte Kamera?

Sophie Seeberg sucht auch nach zwanzig Berufsjahren als Familienpsychologin noch danach. Zum Beispiel, wenn ihr die junge Mutter Jennifer strahlend erklärt, dass es gar nicht schlimm ist, wenn ihr das Jugendamt Töchterchen Samanta wegnimmt. Denn sie hat sich ja nun schon einen Hund gekauft. Oder wenn Herr Obermeyer sich eine Selbstschussanlage in den Vorgarten baut, um den Ex-Mann seiner Ehefrau fernzuhalten. Sophie Seeberg beschreibt, wie es in deutschen Familien wirklich zugeht und lässt uns teilhaben an ihren außergewöhnlichsten Fällen.

»Sophie Seeberg erzählt von ihren spannendsten Fällen. Mal mit einem Augenzwinkern, aber immer mit Respekt und sehr viel Feingefühl.«

SWR3

KNAUR

TOMMY KRAPPWEIS

SPORTLERKIND

Meine Jugend mit Seitenstechen

»Mein Urgroßvater war ein begeisterter Radfahrer und besaß das größte Fahrradgeschäft in Bayern.
Seine Tochter – meine Oma – lief noch im hohen Alter mit dem Schäferhund um die Wette, unterstützt von Krücken und dem Durchhaltevermögen aus zwei Weltkriegen.
Ihr Sohn – mein Vater – fuhr Radrennen mit geplatztem Blinddarm, ging langlaufen mit abgerissenem Bizeps und joggen mit gebrochenen Rippen.
Sein Sohn – ich – wollte einfach nur Lego spielen ...«

Vater und Sohn erzählen von Hoffnung, Verweigerung, Lust und Leid am Leistungssport – witzig, wahr und ein bisschen wahnsinnig.

KNAUR